POLYGLOTT on tour

Monika Zeller
Gerd Dörr

Odenwald Bergstraße

Top 12

besonderer Tipp

Warnung

Info

Hinweis

Restaurant

Unterkunft

Nightlife

Shopping

Literatur

POLYGLOTT-Top 12 Umschlagklappe vorne

Allgemeines

Städtebeschreibungen

Touristen aus aller Welt zieht es heute in die viel besungene Stadt wie einst Dichter und Schriftsteller, Studenten sorgen dazu für eine lebendige Atmosphäre.

Touren

Darmstadt
Mannheim
Heilbronn

Darmstadt
Mannheim
Heilbronn

Darmstadt
Mannheim
Heilbronn

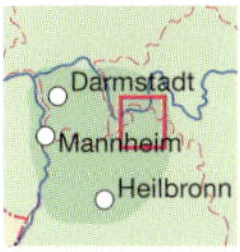
Darmstadt
Mannheim
Heilbronn

Zwingenberg, die älteste Stadt an der Bergstraße, besitzt schöne Fachwerkhäuser und eine Bergkirche aus dem 13. Jh.

Bildnachweis

Bildagentur Huber/Radelt: 101; Bildagentur Huber/R. Schmid: 85; Farbdia-Archiv Gunda Amberg/Gunda Amberg: 90; Ralf Freyer: 39; Gunter Hartmann: 2, 4/5, 8, 13, 21, 23, 28, 46, 53, 54, 63, 65, 67, 71, 78, 83, 88, 91, 94, 96, 108, Umschlagrückseite beide; Hartmann/J. Büchler: 57, 93-2, 99-1; Jo Holz: 6, 7, 9, 11, 15, 22, 27, 30, 45, 50, 59, 61-1, 75; laif/Emmler: 42; Hans-Peter Merten: 33, 87; Jutta Schütz: 47; Monika Zeller: 10, 16, 32, 35, 37, 49, 55, 61-2, 69, 72, 76, 79, 82, 93-1, 99-2, 100; Titelbild: IFA-Bilderteam/Frima

Gut 200 Jahre lang waren Teile des Odenwaldes römisches Herrschafts- und Grenzgebiet. Als um 73 n. Chr. der römische Kaiser Vespasian seine Legionen den Rhein überschreiten ließ, fanden seine Truppen am Westabfall des Odenwaldes eine uralte Völkerstraße vor, die sie Strata montana, Bergstraße, nannten und ausbauten. Kaiser Domitian und sein Nachfolger Trajan ließen den Limes als Grenzbefestigung gegen germanische Überfälle erbauen. Der Vordere Limes durchzog den Odenwald in Nord-Süd-Richtung von Wörth am Main bis Wimpfen am Neckar. Mitte des 2. Jhs. wurde diese Linie durch eine Grenze von Miltenberg am Main bis Lorch in Württemberg ersetzt.

Ein Date mit den **Römern**

Die offiziellen Karten der Landesvermessungsämter zeigen den Verlauf des römischen Grenzwalls im nutzerfreundlichen Maßstab 1:50 000 auf. An ihm entlang schlängeln sich der rot markierte Limes-Wanderweg, der grün eingezeichnete Limes-Radweg sowie die Deutsche Limes-Straße. Für den Abschnitt im Odenwald braucht man die Karte **UNESCO-Weltkulturerbe – Obergermanisch-Raetischer Limes in Baden-Württemberg** (im Buchhandel oder beim Verein Deutsche Limes-Straße, 6,90 €).

Ortsbesichtigung

Seit 2005 steht der Limes auf der Liste des UNESCO-Weltkulturerbes. Zugegeben, ein Vergleich mit der 6000 km langen Chinesischen Mauer wäre vermessen. Aber auch der römische Grenzwall war ein gewaltiges Bauwerk, von dem vielerorts Reste der angeschütteten Wälle zeugen, an denen einst römische Wachsoldaten patrouillierten. Rund 80 Wachtürme befanden sich in Sichtweite voneinander an dem 80 km langen Limesabschnitt im Odenwald, der vom Main bei Miltenberg bis Osterburken meist schnurgerade verläuft. Von mehr als 20 Türmen, mehreren Kastellen und Bädern sind die Fundamente noch heute zu erkennen, z. B. am **Limes-Lehrpfad** bei Walldürn (S. 95) und sehr eindrucksvoll in Osterburken (S. 92), wo das 2006 am Römerbad neu gestaltete **Römermuseum** wichtige Funde zeigt. Aber auch der Vordere Limes hinterließ beeindruckende Spuren, etwa ein Römerkastell und ein Bad direkt an der B 27 bei Neckarburken sowie im **Englischen Garten Eulbach** (S. 70). Dort sind ein römischer Obelisk, Skulpturen, ein Limes-Wachturm und Tore von Kastellen zu bewundern. Im nahen Würzberg lässt sich neben den freigelegten Fundamenten einer römischen Badeanlage noch das dazugehörige Kastell erahnen.

Der Verein **Deutsche Limesstraße e. V.** informiert auch über Rad- und Wandertouren. Hier kann man auch Prospekte, Karten und Literatur zum Thema bestellen: Marktplatz 2, 73430 Aalen, Tel. 0 73 61/52 23 58, www.limesstrasse.de

Der Limeswanderweg

Entlang des römischen Grenzwalls führt der Limeswanderweg – im Odenwald von Obernburg über Miltenberg nach Osterburken. Natürlich verläuft der Weg nicht schnurgerade wie einst der römische Grenzwall, sondern im Zickzack mal links, mal rechts davon auf bereits vorhandenen Wander- und Wirtschaftswegen. Die Reste von Wachtürmen und Kastellen werden zumeist direkt passiert.

Gigantischer Römersteinbruch

Mächtige Gesteinsbrocken finden sich überall in den Wäldern des Vorderen Odenwaldes. Auf dem Felsberg bei Reichenbach/Lautertal kommen die Granitblöcke so zahlreich vor, dass schon die Römer dieses Felsenmeer zwischen dem 2. und 4. Jh. n. Chr. als Steinbruch nutzten. Sie schlugen ihre Werkstücke direkt aus dem Fels. Fast dreihundert unfertige oder beschädigte Artefakte blieben erhalten. Das bekannteste Einzelstück ist die »Riesensäule«, aber auch der »Altarstein«, der »Sarg« oder die »Pyramide« zeugen von den Fähigkeiten der römischen Steinmetze.

Mit einem Geopark-Ranger werden während der Saison jeden ersten Sonntag im Monat Führungen **Rund ums Felsenmeer** bei Reichenbach angeboten. Die Mischung aus Sagen, Geschichte und Geologie ist nicht nur für Kinder ab 10 Jahre geeignet. Mehrmals im Jahr gibt es Felsenmeer-Erlebnistage für Erwachsene und Kinder (April–Okt.; Tel. 0 62 51/7 07 99 20, www.geo-naturpark.de).

Der Odenwald ist ein Gebirge, das von Weinbergen umgeben ist: Im Süden stoßen die Anbaugebiete des unteren Neckartals an, im Westen die Bergstraße, im Nordosten Main und Tauber. Da ist der Weg zu gemütlichen Winzerorten und Weinfesten, Kellereien und Probierstuben nie weit. Nicht nur Weintrauben reifen hier heran, sondern auch Tafelobst gedeiht im milden Klima hervorragend.

Blütenpracht und Weingenuss

Beim **Verein Apfelwein- und Obstwiesenroute Odenwald e. V.** sind eine Liste der Direktvermarkter sowie Infos zu Veranstaltungen rund ums Obst erhältlich; Tel. 0 61 63/24 84, www.apfelroute.de

Der **Weinbauverband Hessische Bergstraße** informiert unter www.bergstraesser-wein.de über Anbaugebiete, Weinfeste etc.

Weingut Mohr, Grieselstr. 51–59, Bensheim, Tel. 0 62 51/22 99, www.mohr-weingut.de. Gemütliche Gutsschänke, hessische Spezialitäten; Mo–Fr 16–24 Uhr.

Blütenzauber mit südlichem Flair

Als Riviera ohne Meer präsentiert sich die gegen die rauen Nordostwinde geschützte Bergstraße. Schon im zeitigen Frühjahr, wenn auf den Höhen oft noch Schnee liegt, explodiert die Natur hier geradezu und entfaltet eine üppige Blütenpracht. Apfel-, Zwetschgen- und Kirschblüten überziehen die Landschaft mit einem zarten weiß-rosa Teppich. Auch Mandel- und Aprikosenbäume fühlen sich wohl. So kann man sogar schon im März auf dem »Blütenweg« (S. 11) durch Obstwiesen, Felder und Weinberge ein kleines Stück Italien in Deutschland erwandern. Und im Herbst locken die Vitaminbomben pflückfrisch auf den Märkten, sind Apfelmost und -wein ebenso im Angebot wie Obstler und edle Brände.

Bergstraße: Sonnenverwöhnte Tröpfchen

Das Weinbaugebiet Hessische Bergstraße mit der Odenwälder Weininsel Groß-Umstadt erstreckt sich über nur 450 ha. Viele kleine Parzellen prägen das Bild – mehr als 600 Winzer liefern ihre Trauben den Winzergenossenschaften in Heppenheim und Groß-Umstadt. Auch das Staatsweingut Bergstraße, das Weingut Bensheim und eine Reihe privater Weingüter pflegen die jahrhundertealte Tradition. Zum größten Teil werden fruchtigfrische Weißweine wie Riesling, Müller-Thurgau und Silvaner angeboten, beliebt sind aber auch die kräftigen Spätburgunder.

Weingut Freiberger, Hermannstr. 16, Heppenheim, Tel. 0 62 52/24 57, www.weingut-freiberger.de. Neben der Vielfalt an Weinen bereichern Winzersekte, Seccos, edle Brände und Liköre das Sortiment. Verkauf Mo–Fr 8–12.30, 14.30 bis 18.30 Uhr, Mi nachmittags geschl., Sa 8–13 Uhr.

Tauber/Main: Heimat des Bocksbeutels

Zwischen Wertheim, Miltenberg und Obernburg führt diesseits und jenseits des Mains die Bocksbeutelstraße entlang. Die sympathische Flasche mit dem Bauch ist typisch für den Frankenwein. Auch an der Tauber haben einige Weinorte das Bocksbeutel-Privileg. Heute liefern 562 Mitglieder aus 21 umliegenden Gemeinden die Trauben. Innerhalb Frankens und Tauberfrankens ist Beckstein der größte Rotweinerzeuger, überwiegend von Schwarzriesling und Spätburgunder.

Neckar: Wo Reben um Burgen ranken

Bevor sich der Neckar durch den Odenwald schlängelt, thronen Burgen und Ruinen über Weinhängen. Schon Ritter Götz von Berlichingen verkaufte seinen »Neckarwein-Schleckerwein« bis an den Kaiserhof von Wien. Rebstöcke ziehen sich auch zum Deutschordensschloss Gundelsheim hinauf. Auf rund 1000 Jahre Geschichte kann das Weingut der Burg Hornberg zurückblicken. Heute wacht der studierte Weinbauer Baron Dajo von Gemmingen-Hornberg über die Qualität seiner Rieslinge, Grauburgunder, Trollinger und Dornfelder, die auf Natursteinmauer-Terrassen über dem Neckar beste Bedingungen vorfinden.

▌Eine stilvolle Weinprobe in der alten Mühle oder dem Weinkeller der **Burg Hornberg** ist für Gruppen ab 10 Personen buchbar. Tel. 0 62 61/50 01, www.burg-hornberg.de

▌**Becksteiner Winzer eG,** Weinstr. 30, Lauda-Königshofen, Tel. 0 93 43/50 00, www.beckstein.de. Verkauf Mo–Fr 8–18, Sa 9–18, So 9–17 Uhr. In der alten Kelterhalle werden Genossenschaftsweine zu einem reichhaltigen Speisenangebot serviert. Tgl. ab 11 Uhr.

▌**Weingut Christian Sturm,** Freudenberger Str. 91, Bürgstadt, Tel. 0 93 71/6 78 54, www.weingut-sturm.de. Besonders gute Rotweine aus der Südhanglage des Centgrafenberg bei Miltenberg. Di nachmittags geschl.

▌Direkt über der Gundelsheimer Weinlage Himmelreich liegt das **Wein- und Hofgut Hohschön.** Hofladen (Mo–Sa) und Weinstube mit Talblick (Fr, Sa ab 15, So ab 14 Uhr). Tel. 0 62 69/3 81, www.hofgut-hohschoen.de

Hier hat Wandern Tradition: Der 1882 gegründete Odenwaldklub etablierte schon im 19. Jh. ein farbiges Wegemarkierungssystem, das – immer wieder überarbeitet und erweitert – im Prinzip heute noch gilt. Dank enger Zusammenarbeit mit den Landesvermessungsämtern, dem UNESCO-Geopark Bergstraße-Odenwald und dem Naturpark Neckartal-Odenwald erscheinen die markierten Wege mit ihrem Streckenverlauf auch in den amtlichen Karten (Maßstab 1 : 50 000 und 1 : 20 000). So erhalten Wanderer heute umfassendes Kartenmaterial, um sich in allen Teilen des Odenwaldes, im Neckartal und an der Bergstraße bestens zurechtzufinden.

Wunderbar wanderbar

Zwei **UNESCO-Geopark-Pfade** bei Michelstadt und Michelstadt-Steinbach informieren über den Wandel der Kulturlandschaft im Lauf der Jahrhunderte, z. B. über den Eisenerzbergbau, den letzten zugänglichen Kalksteinbruch, über Sandsteinbrüche, Wasserversorgung in früheren Zeiten und ähnliche Themen. Beide Rundwege sind mit »L« in gelbem Kreis markiert und etwa 10 km lang (2–3 Std. Gehzeit). Einer beginnt am Michelstadter Friedhof, der zweite am Parkplatz Einhardsbasilika in Steinbach.

Der Odenwald-Schmetterling

Alle Teile des Gebirges erschließt der »Odenwald-Schmetterling« – vier insgesamt 510 km lange Rundwanderungen, die von Michelstadt bzw. Erbach im Zentrum des Berglandes ausgehen und auf der Karte wie die Flügel eines Schmetterlings aussehen. **Alemannenweg** heißt der obere linke Flügel, der von Michelbach aus bis zur Bergstraße führt und auf 120 km Länge das Lautertal, das Mudautal und das Fischbachtal durchquert. Der 97 km lange **Frankenweg** weist nach Nordosten über Burg Breuberg zum Main, ein Stück in den Spessart hinein und über Miltenberg wieder zurück. Am Hinterleib des Schmetterlings flattern zwei große Flügel: der 140 km lange **Burgunderweg** im Westen durch den Vorderen Odenwald, das Mümling- und Neckartal bis zur Bergstraße, und der 150 km lange **Badener Weg** über Amorbach ins Madonnenländchen nach Walldürn, Buchen und weiter über Mosbach zum Katzenbuckel. Die Übersichtskarte mit Wegbeschreibungen ist in allen Tourist-Informationen erhältlich.

Zwei Täler und zwei Mühlen

Ein besonders schöner Abschnitt des Badener Wegs ist die zwar 18 km lange, aber leichte, überwiegend eben oder bergab führende Strecke von Einbach durch das idyllische Elztal und das reizvolle Wiesental nach Dallau mit einem ehemaligen Wasserschloss. Die Wegmarkierung »blaues Dreieck« führt zur Limbacher Mühle mit Restaurant und Unterkunftsmöglichkeiten und mitten im Wald zur Heidersbacher Mühle mit einem viel besuchten Ausflugsrestaurant.

Wandern an der Bergstraße

Die von Weinbergen und Obstgärten überzogenen Halbhöhenlagen an der Bergstraße bieten fast überall lohnende Aussichtswanderungen. Dazu gehört der mit einem weißen Römer (Weinglas) ausgeschilderte, 28 km lange **Weinlagenweg Hessische Bergstraße** von Alsbach über Zwingenberg, Auerbach und Bensheim nach Heppenheim. Besonders zur Baumblüte lockt im Frühjahr der 88 km lange **Blütenweg Bergstraße** von Darmstadt bis Heidelberg entlang blühender Mandelbäume und Obstkulturen. Zu den Klassikern gehört der **Burgenweg Bergstraße** ebenfalls von Darmstadt nach Heidelberg oder umgekehrt. Unterwegs passiert man u. a. Burg Frankenstein, Zwingenberg, das Auerbacher Schloss, die Starkenburg über Heppenheim, Weinheim mit seinen Burgen und die Strahlenburg in Schriesheim.

Jeweils am 1. Mai findet auf einer 20 km langen Teilstrecke die Bergsträßer **Weinlagenwanderung** statt, bei der Wein und Sekt probiert werden (Einzelheiten bei den Tourist-Infos in Heppenheim, Bensheim und Zwingenberg).

Das Touristikbüro Bergstraße-Odenwald organisiert ganzjährig **Wandern ohne Gepäck** an der Bergstraße sowie auf den Spuren der Nibelungen (www.wandern-im-geopark.de).

Eine Serie detaillierter Wanderführer verfasste Rainer Türk vom Verein Naturpark Bergstraße-Odenwald, z. B. **Wanderungen zu den schönsten Burgen und Schlössern im Odenwald** (Verlag Brunnengräber).

- 50 Tal- und Höhenwanderungen beschreibt Bernhard Pollmann im **Rother Wanderführer Odenwald** (Bergverlag Rother).
- Zum **Wandern und Einkehren im Odenwald** animieren Georg Blitz und Emmerich Müller (Drei Brunnen Verlag).
- Der alljährlich erscheinende **Odenwald-Kalender** beschreibt für jeden Monat eine Tour auf Schusters Rappen, die auch als geführte Wanderung angeboten wird (Verlag Brunnengräber).

Naturidylle und Fachwerkromantik

Der Odenwald steckt voller Sagen und Legenden: Wenn in stürmischen Nächten Odins (Wotans) wilde Jagd durch die Wälder tobte, ängstigten sich die Menschen sehr: In diesem einst geheimnisvollen Gebirge mussten finstere Mächte hausen. So glaubte man lange Zeit, dass der Name Odenwald von dem germanischen Gott Odin herrührt. Heute wird eher eine Weiterentwicklung des althochdeutschen Wortes für Öde vermutet, das ursprünglich die Bedeutung »dünn besiedelt« hatte. Tatsächlich war das Innere des Berglandes kaum besiedelt. Noch immer liegen vor allem kleine Städte, Dörfer und Gehöfte wie locker in die Landschaft getupft, prägen weite Wälder, Weiden und Baumwiesen das Herz des Gebirges, schmiegen sich Weinberge und Obstgärten an die Ränder – eine Landschaft, die sich eher anmutig als Angst einflößend zeigt. Keine Spur von wild, stattdessen Kleinstadtromantik und Naturidylle. Und an der Bergstraße und im Neckartal, vom Madonnenländchen bis zum Main begeistern historische Städte, Burgen und Schlösser, kulturelle Kleinode und Zeugnisse tiefer Volksfrömmigkeit.

Lage und Größe

Zwischen Rhein, Main, Neckar und Tauber gelegen, bildet der Odenwald mit einer Ausdehnung von etwa 70 km in Nord-Süd-Richtung und ebenso in Ost-West-Richtung nur auf den ersten Blick ein geschlossenes Waldgebirge. Tatsächlich überrascht diese relativ kleine Fläche mit ihren Randgebieten durch abwechslungsreiche Landschaftsformen. Und weil der Odenwald gleich zu drei Bundesländern gehört – Hessen, Bayern und Baden-Württemberg – und in früheren Jahrhunderten noch viel kleinräumiger zersplittert war, führte dies zu unterschiedlichen Entwicklungen der Bevölkerung, der wirtschaftlichen und politischen Struktur.

Die südwestdeutsche Schichtstufenlandschaft

Als Teil eines Urgebirges, zu dem auch Schwarzwald, Vogesen und Pfälzer Wald gehörten, baut sich der Odenwald aus verschiedenen Schichten auf. Auf den Urgesteinen Granit und Porphyr setzten sich im Lauf der Erdgeschichte mächtige Buntsandsteinschichten ab, darüber folgten Muschelkalk-Ablagerungen eines großen Binnenmeeres und schließlich Sedimente der Keuperzeit. Dieses Urgebirge hob sich in der Mitte an, wodurch die Gesteinsschichten in Schräglage gerieten. Als vor etwa 45 Mio. Jahren der Oberrheingraben einbrach, setzte an der Bruchkante ein Erosionsprozess ein. So entstand die südwestdeutsche Schichtstufenlandschaft, die dem Odenwald seine vielseitigen Landschaftsformen bescherte.

Nebelstimmung über dem sagenumwobenen Odenwald

Im Westen steigt der Odenwald schroff um etwa 400 m aus der **Oberrheinischen Tiefebene** an. Hier am Rand des einst sumpfigen Schwemmlandes vom Rhein und seinen Nebenflüssen legten schon die Römer vor 2000 Jahren in der Vorbergzone die Strata montana, die **Bergstraße,** an. Die etwa ein bis zwei Kilometer breite Randzone des Odenwaldes wird auf fruchtbaren Lösshängen intensiv landwirtschaftlich genutzt, wobei Wein- und Obstbau dominieren. Steile Kuppen aus Porphyr und Granit ziehen sich fast schnurgerade von Darmstadt bis Heidelberg und bilden den **Vorderen Odenwald,** überragt vom weithin sichtbaren Melibokus (517 m), dem zwar nicht höchsten, aber wegen seiner Randlage über dem Steilanstieg beeindruckendsten Berg. Mehrfach sind vor allem im Vorderen Odenwald Felsenmeere zu bewundern, die durch Verwitterung entstanden sind. Am berühmtesten ist das Felsenmeer bei Reichenbach-Lautertal (s. S. 76).

Weiter östlich, im **Hinteren Odenwald,** erstreckt sich eine weite Buntsandsteinfläche, in die mehrere Flüsse tiefe Täler gegraben haben. Während im Vorderen Odenwald Laubmischwälder vorherrschen, finden sich im Sandstein-Odenwald größere Fichten- und Nadelmischwälder.

Als Rest eines Vulkans, der vor etwa 68 Mio. Jahren tätig war, erhebt sich der höchste Teil des Gebirges, der **Hohe Odenwald.** Hier überragt der Katzenbuckel (626 m) die umgebende Sandsteinfläche um mehr als 100 m.

Im Süden greift der so genannte **Kleine Odenwald** einige Kilometer über den Neckar hinaus. Besonders am tief in den Sandstein eingeschnittenen Neckar haben auch die Seitenflüsse steile, enge Schluchten gebildet. Am bekanntesten sind die Margarethenschlucht bei Neckargerach und die Wolfsschlucht bei Zwingenberg (s. S. 58). Weiter östlich blieb die Muschelkalkschicht erhalten. Hier schwingt der Odenwald sanftwellig im **Bauland** aus, dessen Name von »Bauernland« kommt und auf jahrhundertelange landwirtschaftliche Nutzung hinweist. Zudem ziehen sich über die steilen Muschelkalkhänge des **Taubertals,** das als Ostgrenze des Odenwaldes gilt, steile Weinberge. Im Nordosten trennt der Main den Odenwald von dem aus gleichem Gestein aufgebauten Spessart.

Klima und Reisezeit

Die Oberrheinische Tiefebene gehört zu den wärmsten Regionen Deutschlands. Wie im Westen der Rheinebene an der Deutschen Weinstraße beginnt auch im Osten an der Bergstraße der Frühling 2–3 Wochen früher als in den höheren Lagen. Von Ende März bis Mitte April entfalten Tausende von Obstbäumen ihre duftige Blütenpracht, überzieht bald das junge Grün der Rebflächen die treppenartig aufsteigenden Hänge an der Bergstraße.

Weiter östlich im Bergland unterscheidet sich das Klima kaum von anderen Mittelgebirgen. Weil der Odenwald in den Tälern nur 250–350 m hoch liegt, weiter oben meist nur bis auf 500 m Meereshöhe ansteigt, herrscht vom Frühling bis in den späten Herbst mildes Klima, das dank der vielen Wälder auch bei hochsommerlichen Hitzeperioden viel angenehmer ist als in der deutlich wärmeren Rheinebene und an der Bergstraße.

So bietet dieses Gebirge vom Frühling bis in den Herbst als Reise-, Wander- und Radtourenland beste Bedingungen. Früher hätte man von einer idealen Sommerfrische gesprochen, denn die Nächte sind frisch und lassen die Tage nicht allzu heiß werden. Wenn sich ab September die Weinberge an der Bergstraße und im Taubertal und die Mischwälder des Vorderen Odenwaldes bunt färben, beginnt für viele die schönste Reisezeit des Jahres. Im Winter schneit es in den Hochlagen zwar gelegentlich, doch wegen der relativ geringen Meereshöhe heißt es nur selten über längere Zeit »Ski und Rodel gut«.

Klima und Reisezeit

Heidelberg

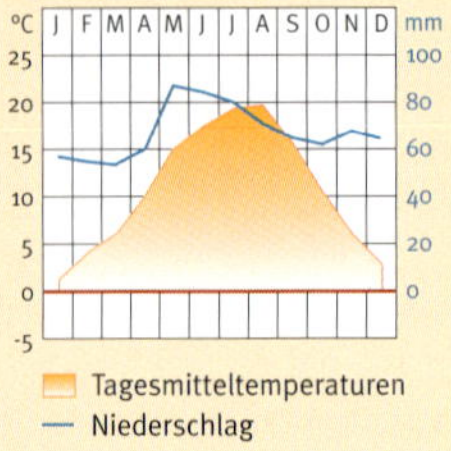

Natur und Umwelt

Der unterschiedliche geologische Aufbau und die verschiedenartigen Landschafts- und Bodenverhältnisse ließen eine vielfältige Vegetation entstehen. Im Vorderen Odenwald dominieren westlich einer gedachten Linie von Heidelberg bis Aschaffenburg Laubbäume, vor allem Buchen, Eichen, Ahorn, Kastanien und Wildkirschen. An den Bächen finden sich häufig Erlen und Eschen. Die landwirtschaftliche Nutzung mit Obstbäumen, Streuobstwiesen, Kartoffeln und Gemüse schuf eine abwechslungsreiche Gliederung der Landschaft.

Im Hinteren, dem Buntsandstein-Odenwald, beherrschen Nadelbäume wie Kiefern, Lerchen, Douglasien und vor allem Fichten das Bild. Sie wurden nach der mittelalterlichen Rodung zur Brennholzgewinnung, für Holzköhlerei und Gerberei vor etwa 150 Jahren großflächig aufgeforstet. Dazwischen sind aber auch Mischwälder zu finden. In wasserreichen Mulden entstanden Feuchtgesellschaften mit Birken, Weiden, Moosen und Farnen. Auf sumpfigen Flächen fühlen sich Torfmoose, Wollgräser, Moosbeere und Sonnentau wohl. Hecken aus Schlehdorn, Weißdorn, Haselnuss, Holunder, Brombeeren und vielerlei Sträuchern sowie Waldränder und kleine Feldgehölze bieten Lebensräume für eine artenreiche Fauna. Dazu gehören

Idyllische Landschaften machen den besonderen Reiz des Odenwaldes aus

zahlreiche Singvogelarten sowie Greifvögel wie Mäusebussard, Turmfalke, Sperber und der Rote Milan. Auch besiedeln kleine Räuber wie Mauswiesel, Hermelin, Iltis und Steinmarder Feld und Flur. Sie stellen Fasanen, Feldhasen und jungen Rehen nach. Nachts werden Eulen, Wald- und Steinkäuze sowie Fledermäuse aktiv. In den Waldgebieten des Hinteren Odenwaldes fühlen sich Rehe und Wildschweine wohl. Auch können gelegentlich sogar frei lebende Rothirsche beobachtet werden.

Tourismus und Naturschutz

Die besondere Bedeutung der Natur des Odenwalds betonen zwei Naturparks. Der **Naturpark Bergstraße/ Odenwald** umfasst den gesamten hessischen und bayerischen Teil des Odenwaldes sowie einige Gebiete in Baden-Württemberg und reicht vom Neckar bis zum Main und im Westen sogar über die gesamte Oberrheinische Tiefebene bis zum Rhein. Im Süden schließt sich auf Baden-Württembergischem Gebiet der **Naturpark Neckartal-Odenwald** an. Der gesamte Odenwald wurde in das Netzwerk der **UNESCO Geoparks** aufgenommen.

Ziel der Naturparks ist es, das Zusammenwirken naturräumlicher, kultureller und geologischer Prozesse sowie ihre Bedeutung für die Umwelt und den Alltag anschaulich und verständlich zu vermitteln. Zu diesem Zweck wurde ein reichhaltiges Informationsmaterial zu den unterschiedlichsten Themen, über Flora und Fauna, Geologie und Naturschutz, Waldschäden und geschichtliche Hintergründe herausgegeben.

Die Naturparkverwaltungen und ihre zahlreichen ehrenamtlichen Mitarbeiter versuchen, Tourismus und Naturschutz in Einklang zu bringen. In Zusammenarbeit mit den Gemeinden und Wandervereinen wurde ein ausgedehntes Netz markierter Wanderwege geschaffen. Vor allem wird an Wanderer, Radfahrer und alle anderen Nutzer der Landschaft appelliert, die da und dort bestehenden Einschränkungen zu respektieren. Denn nur dort, wo scheue Tiere oder seltene Pflanzenarten ungestörte Rückzugsmöglichkeiten haben, können sie auch in Zukunft noch überleben.

Der Ausbau von Verkehrswegen, die zunehmende Belastung von Luft, Boden und Gewässern sind auch am Odenwald nicht spurlos vorüber gegangen. Besonders die Luftverschmutzung macht sich in den Wäldern bemerkbar. Symptome solcher Waldschäden sind durchsichtige Kronen der Bäume, zu wenige Blätter oder Nadeln, missgebildete Triebe bei Laubbäumen und Verfärbungen an Nadeln und Blättern. Auch über diese Probleme informieren die Naturparkverwaltungen die Besucher des Odenwaldes.

Im Juli ist Erntezeit im Bauland

Wirtschaft – Politik – Verwaltung

Die Wirtschaft im Odenwald und an der Bergstraße hängt eng mit der politischen Entwicklung und den Verwaltungsstrukturen zusammen. Aufgrund der Neuordnung Europas unter Napoleon ging der nördliche Odenwald im Großherzogtum Hessen auf. Die Besitztümer im südlichen Odenwald fielen an den Großherzog von Baden, der östliche Teil der Region an den König von Bayern. Damit waren die heutigen Landesgrenzen festgelegt: der Odenwald teilt sich auf die drei Bundesländer Hessen, Bayern und Baden-Württemberg auf. Im Bergland dominiert noch immer eine kleinräumige Landwirtschaft, und weil die Topografie eine großflächige Bewirtschaftung nicht zulässt, konzentrieren sich die Bauern zunehmend auf die Direktvermarktung ihrer qualitativ hochwertiger Produkte. An der Bergstraße und im Taubertal ist Weinbau möglich, Spargel wird in der Rheinebene angebaut. Eine wichtige Rolle spielt der Tourismus im Odenwald.

In den Städten haben sich kleinere und mittlere Gewerbebetriebe der verschiedensten Branchen angesiedelt. Große Firmen finden sich vor allem in den Städten. In Walldürn z. B. produziert die weltbekannte Firma Braun ihre Rasierer, Darmstadt wird vom Pharma-Riesen Merck mit 8000 Beschäftigten sowie von weiteren Firmen aus dem Pharma- und Kosmetiksektor, der IT-Branche und der Biotechnologie geprägt, in Breuberg geben die Pirelli- und Metzeler-Reifenwerke vielen Tausend Angestellten Arbeit.

In Heidelberg arbeiten zwar 80 % der Beschäftigten im Dienstleistungsbereich (Universität, Klinikum u. Ä.), doch prägen auch Firmen wie ABB, Heidelberger Druckmaschinen, Heidelberg-Cement sowie der IT- und der Kosmetikbranche das wirtschaftliche Profil der Stadt. Auch in den anderen Städten zwischen Darmstadt und Heidelberg findet sich ein breites Firmenspektrum, weshalb – auch mangels Arbeitsplätzen in den kleineren Gemeinden des Odenwaldes – viele Arbeitnehmer täglich von dort in die Städte pendeln. Das gilt genauso für den nördlichen Odenwald mit dem Einzugsgebiet von Aschaffenburg.

Steckbrief

- **Fläche:** 3500 km²
- **Einwohner:** 1,35 Mio.
- **Verwaltung:** Zu **Hessen** gehören Darmstadt sowie die Landkreise Darmstadt-Dieburg, Heppenheim und der Odenwaldkreis (Erbach), zu **Bayern** der Landkreis Miltenberg und zu **Baden-Württemberg** der Neckar-Odenwald-Kreis (Mosbach) und der Main-Tauber-Kreis (Tauberbischofsheim) sowie Heidelberg.

Der Roman **Der Fremdenführer** von Jürgen und Marita Alberts vermittelt viel über Geschichte, Kultur, Landschaft und Menschen des Odenwalds (zu beziehen beim Odenwaldkreis, Tel. 0 60 62/9 43 30).

Geschichte im Überblick

600 000–200 000 v. Chr. Der Fund des Homo Heidelbergensis belegt menschliches Leben im Rhein-Neckar-Gebiet in jener Zeit.

Ab 400 v. Chr. Große Teile Süddeutschlands werden von Kelten besiedelt. Das Innere des Odenwalds ist unbewohnter Urwald.

Um 79 n. Chr. Die Römer besetzen den Westrand des Odenwaldes und legen die *Strata montana* (Bergstraße) an.

Um 100 Die Römer sichern ihr Gebiet durch den Neckar-Odenwald-Limes zwischen Obernburg am Main und Bad Wimpfen am Neckar.

Um 159 Der Limes wird etwa 30 km nach Osten auf die Linie Miltenberg-Osterburken verlegt.

Ab 260 Alemannische Stämme überwinden den Limes und drängen die Römer zurück.

Ab 400 Das ostgermanische Volk der Burgunder lässt sich am Rhein nieder und macht Worms zur Hauptstadt. Die Nibelungen jagen im Odenwald.

5. Jh. Die Franken unter Chlodwig I. teilen das Land in Gaue ein.

7./8. Jh. Christianisierung durch iro-schottische Mönche.

8. Jh. Klostergründungen in Amorbach und Lorsch. Kloster Lorsch wird für Jahrhunderte geistig-kultureller Mittelpunkt des karolingischen Reichs.

815 Der adlige Franke Einhard baut bei Michelstadt die Einhardsbasilika.

10. Jh. Kloster Amorbach kommt unter den Einfluss der Würzburger Bischöfe und gründet Städte wie Buchen und Walldürn.

13. Jh. Erste Burg in Heidelberg. Wechselnde Machtverhältnisse der Klöster Würzburg, Mainz und Fulda im Odenwald.

1330 Darmstadt wird unter den Grafen von Katzenelnbogen zur Stadt erhoben.

1386 In Heidelberg wird die erste Universität auf dem heutigen deutschen Gebiet gegründet.

1479 Darmstadt fällt an Landgraf Heinrich II. von Hessen.

1525 Im Bauernkrieg erstürmt die Bürgerschaft unter Götz von Berlichingen Schlösser und Klöster.

1532 Das Erbacher Land wird Reichsgrafschaft; die Grafen von Erbach bestimmen bis 1806 die Geschichte im Zentrum des Odenwaldes.

1559–1607 Bau des Schlosses in Heidelberg.

1618–1648 Dreißigjähriger Krieg: Plünderungen und Zerstörungen, gravierender Rückgang der Bevölkerung.

1688 und 1697 Im Pfälzischen Erbfolgekrieg werden Heidelberg und viele andere Städte und Burgen an der Bergstraße und im Neckargebiet zerstört.

18. Jh. Neu- und Umbau zahlreicher Kirchen im Barock, z. B. in Walldürn, Amorbach, Dieburg.

1806 Neuordnung Europas durch Napoleon. Darmstadt, der westliche und mittlere Odenwald sowie der Bereich Hirschhorn kommen zu Hessen, Miltenberg und Amorbach zu Bayern, Heidelberg, die Kurpfalz, das Bauland und das untere Taubertal zu Baden. Klosterbesitzungen werden den jeweiligen Ländern zugeschlagen.

Geschichte im Überblick

19. Jh. Der Bau von Eisenbahnen sorgt auch im Inneren des Odenwaldes für wirtschaftlichen Aufschwung. Die technisch anspruchsvolle Nord-Süd-Bahn von Höchst über Erbach und Beerfelden nach Eberbach ins Neckartal geht in Teilstrecken zwischen 1886 und 1904 in Betrieb, nachdem ein 250 m langer und 40 m hoher Viadukt sowie ein 3 km langer Tunnel gebaut waren.
1901 Erste Jugendstil-Ausstellung durch die Künstlerkolonie auf der Darmstädter Mathildenhöhe.
1918/1919 Aus dem Großherzogtum Baden, dem Königreich Bayern und dem Großherzogtum Hessen gehen die Länder Hessen, Bayern und Baden hervor.
1940–1945 Im Zweiten Weltkrieg erleidet Darmstadt 35 Fliegerangriffe; 1944 wird die gesamte Innenstadt zerstört. Heidelberg und die Städte im Odenwald bleiben weitgehend verschont.
1952 Der badische Teil des Odenwaldes kommt zu Baden-Württemberg.
1960 Der hessisch-bayerische Naturpark Bergstraße-Odenwald wird gegründet.
1980 Der baden-württembergische Naturpark Neckartal-Odenwald entsteht.
2002 Der größte Teil des Odenwaldes wird zum Nationalen Geopark erhoben.
2005 Die UNESCO nimmt den Odenwald in ihr Global Network of Geoparks auf.
2007 Ende des Jahres wird das neue Kongresszentrum in Darmstadt eingeweiht.

Kultur gestern und heute

Von den ersten Bewohnern, den Kelten, blieben nur wenige Zeugnisse erhalten. Anders verhält es sich mit den Römern, unter deren Einfluss das Gebiet um die Zeitenwende geriet. Etwa um 100 n. Chr. legten sie die Strata montana, die Bergstraße, zwischen Rheinebene und den ansteigenden Odenwaldhöhen an und errichteten den Neckar-Odenwald-Limes (s. S. 6). Aus dieser Zeit blieben eine ganze Reihe kultureller Zeugnisse erhalten: Stelen und Kultbildnisse und vor allem Reste der Grenzanlagen. Danach übernahmen die Franken das Land, schufen Königshöfe und führten das fränkische Recht ein. Mit ihnen kam das Christentum in den Odenwald, die Klöster Amorbach (734 n. Chr.) und Lorsch (ab 764) wurden gegründet. Letzteres entwickelte sich unter Karl dem Großen zum geistigen, politischen und kulturellen Zentrum des karolingischen Reiches. Die berühmte Königshalle in Lorsch zählt als ältestes vollständig erhaltenes Baudenkmal Deutschlands zum UNESCO-Weltkulturerbe (s. S. 55). Auch die zur selben Zeit erbaute Einhardsbasilika bei Michelstadt (s. S. 72) gilt als ein außergewöhnliches Beispiel für die karolingische Baukunst.

In der hohen Zeit des Burgenbaus vom 10.–12. Jh. entstanden vor allem in der Stauferzeit an strategisch wichtigen Höhen mächtige Burgen, besonders an der Bergstraße und am Neckar. Auch die Kaiserpfalz Wimpfen und die Stadt Eberbach am Neckar wurden von den Staufern gegründet. Als Glanzpunkte gotischer Baukunst gelten Kirchen in Bad Wimpfen und Wertheim sowie Kloster Bronnbach.

In den folgenden Jahrhunderten wurde der Odenwald sowohl politisch als auch kulturell vom Einfluss der Klöster und ihren Machtkämpfen geprägt. Würzburg und Amorbach, Fulda, Lorsch und die Pfalzgrafen von Heidelberg wirkten durchaus nicht immer friedlich auf das Gebiet ein. Weitere Zerstörungen, Belagerungen und Brandschatzungen folgten im Dreißigjährigen Krieg, weshalb nur wenige der zuvor entstandenen Bauten erhalten blieben – darunter das berühmte Fachwerkrathaus von Michelstadt (1484) sowie eine Reihe von Bauwerken in Miltenberg am Main.

Renaissance – Barock – Jugendstil

Was heute besonders sehenswert ist, stammt zumeist aus späteren Jahrhunderten. Das Heidelberger Schloss, Inbegriff deutscher Romantik, wurde zwar im Pfälzischen Erbfolgekrieg 1689 und 1693 gleich zweimal gesprengt, gehört aber auch als Ruine noch zu den Höhepunkten der Renaissance – der Ottheinrichsbau von 1559 als Beispiel der frühen und der Friedrichsbau von 1607 als eine Krönung der späten deutschen Renaissance (s. S. 34).

Meuchelmord im Odenwald

»uns ist in alten maeren wunders vil geseit ...« So hebt das Nibelungenlied an, das um 1200 entstand und vom glanzvollen Leben am Hof der Burgunderkönige in Worms und deren Jagdgebiet im Odenwald erzählt. Wie in den Krimis heutiger Tage dreht sich die Geschichte um Macht, Liebe, Verrat, Hass und Eifersucht, die auch vor Meuchelmord nicht zurückschreckt.

Da ist der strahlende Held Siegfried, stolzer Drachentöter, der die schöne Kriemhild freit, Schwester der Könige Gernot, Giselher und Gunther. Letzterer liebt die bärenstarke Brunhild, die er aber nur mit List und Hilfe des durch eine Tarnkappe unsichtbaren Siegfried ins Brautbett bringt. Die unrühmlichste aller Rollen spielt der höfische Berater Hagen von Tronje. Da der sich wiederum in hoffnungsloser Liebe zu Kriemhild verzehrt, ist ihm jedes Mittel recht, den verhassten Siegfried zu beseitigen. Soweit so klar? Die Chance naht, als Brunhild den Betrug in der Hochzeitsnacht erfährt und auf Rache sinnt. Pech nur, dass Siegfried durch sein Bad im Drachenblut unverwundbar ist – aber doch nicht ganz, denn ein Lindenblatt auf seiner Schulter ließ eine kleine verwundbare Stelle zurück. Die kannte Hagen und ergriff die Chance bei einer Bärenjagd im Odenwald. Als sich Siegfried an einer Quelle zum Trinken niederbeugte, meuchelt ihn sein vermeintlicher Freund hinterrücks mit dem Schwert.

Doch wo war der Tatort? Laut Nibelungen-Forschung kann der Kneippkurort Grasellenbach für sich reklamieren, Schauplatz des Verbrechens zu sein. Seit Mitte des 19. Jhs. pilgern Nibelungen-Freunde hier zur eingefassten Quelle. Aber auch die nicht weit entfernte Gemeinde Mossautal hält ihren Lindelbrunnen für den wahren Siegfried-Quell.

In farben- und formenreichem Barock glänzen u. a. Schloss Schwetzingen (s. S. 38), die Abteikirche in Amorbach (s. S. 68), die Wallfahrtsbasilika in Walldürn (s. S. 96) und das Residenzschloss der Fürsten von Erbach (s. S. 73). Einer von ihnen, Fürst Franz I., brachte 1783 die Elfenbeinschnitzerei in den Odenwald, um der bitterarmen Bevölkerung neue wirtschaftliche Perspektiven zu eröffnen. Im einzigartigen Deutschen Elfenbeinmuseum in Erbach sind zauberhafte Kunstwerke aus diesem Material, dessen Erzeuger inzwischen unter striktem Artenschutz stehen, darunter die stilbildende »Erbacher Rose« sowie Rokoko-Figuren und Schöpfungen späterer Epochen.

Ein Gesamtkunstwerk des Jugendstils entstand Anfang des 20. Jhs. in Darmstadt: die Mathildenhöhe mit mehreren Wohnhäusern, dem Hochzeitsturm und der Ausstellungshalle (s. S. 44 f.). Auch Gegenwartskunst hat ihren Weg in den Odenwald gefunden, z. B. in das außergewöhnliche Museum »Mutter« in Amorbach, wo sowohl Bilder bedeutender Maler des 20. Jhs. als auch eine ungewöhnliche Sammlung kreativ gestalteter Alltagsdinge zu bewundern sind (s. S. 69). Auch die Galerien und Museen der beiden Städte Heidelberg und Darmstadt zeigen das künstlerische Schaffen der Gegenwart. Zu einem Zentrum klassischer Musik hat sich Schwetzingen entwickelt, wo jeden Sommer die

Feste & Veranstaltungen

- **Februar/März: Buchener Fasenacht** mit großen Umzügen
- **März: Mathaisemarkt Schriesheim,** erstes und größtes Weinfest der Region (1. und 2. Wochenende)
- **April: Schwetzinger Festspiele** (bis Anfang Juli); **Bergsträßer Weinfrühling** in Bensheim (Ende Mai/Anfang Juni)
- **Mai: Mittelalterliches Spektakulum** auf Burg Lindenfels; **Schlossgrabenfest** in Darmstadt; **Gangolfsritt** in Amorbach (2. So)
- **Juni: Brückenfest** in Heidelberg; **Apfelweinfest** in Beerfurth (3. Wochenende); **Darmstädter Heinerfest** (Ende Juni/Anfang Juli); **Bergsträßer Weinmarkt** in Heppenheim (letztes Juni-/erstes Juliwochenende)
- **Juli: Talmarkt** in Bad Wimpfen, ältestes Volksfest in Deutschland – seit 965 (1. Wochenende); **Mosbacher Sommer,** anspruchsvolles Kulturprogramm bis September; **Altstadtfest Tauberbischofsheim** (1. Wochenende); **Beerfelder Pferdemarkt** (2. Wochenende); **Schlossplatzfest Schwetzingen; Kulturfest** im Schlosspark Weinheim; **Weinfest** und **Theatertage** auf der Mildenburg in Miltenberg; **Straßentheater »Gassenstationen«** in Heppenheim (Mitte Juli); **Sommerfestspiele Fürstenlager Bensheim** (Klassik – Pop – Jazz, Juli–Dez.); **Jahres- und Grünkernfest** in Walldürn (3. Juliwoche); **Altstadtfest Wertheim** (letztes Juliwochenende); **Erbacher Wiesenmarkt** (letzte Juli-woche)
- **August: Burgweinfest Wertheim** (1. Wochenende); **Altstadtfest** und **Kerwe** in Weinheim (2. Woche); **Burg- und Trachtenfest Lindenfels** (2. Wochenende); **Klassik-Open-Air** in Groß-Umstadt (2. Wochenende); **Mittelalterlicher Zunftmarkt Bad Wimpfen** (letztes Wochenende); **Michaelis-**

Mosaikbild »Der Kuss«, Mathildenhöhe

Schwetzinger Festspiele ein anspruchsvolles Publikum anziehen. Der zeitgenössischen Musik bieten die »Internationalen Ferienkurse für Neue Musik« ein großartiges Forum mit Sommerkonzerten in Darmstadt.

messe in Miltenberg, größtes Volksfest am bayerischen Main (Ende Aug./Anfang Sept.)

- **September: Schwetzinger Mozartfest; Winzerfest** in der Odenwälder Weininsel Groß-Umstadt (Mitte Sept.); **Odenwälder Schäfertag** in Erbach (2. So); **Heidelberger Herbst** mit Kurpfälzer Markt; **Michaelis Wees** in Wertheim (Ende Sept./1. Okt.woche)
- **Oktober: Brauchtumstage** mit Herbstmarkt in Lindenfels (1. Wochenende); **Martini-Messe** mit Vergnügungspark in Tauberbischofsheim (Mitte Okt.); **Eberbacher Jazz-Tage** (Mitte Okt.–Mitte Nov.); **Märchen- und Sagentage** in Reichelsheim (4. Wochenende)
- **November/Dezember:** Viele stimmungsvolle **Weihnachtsmärkte,** z. B. Altdeutscher Weihnachtsmarkt Bad Wimpfen (1., 2. und 3. Adventswochenende)

Essen und Trinken

Da sich Baden-Württemberg, Bayern und Hessen das Gebiet Bergstraße/Odenwald teilen, sind die bodenständigen kulinarischen Spezialitäten ebenso vielfältig wie die Landschaft. Natürlich gibt es auch hier wie überall internationale Küche in den Restaurants, ist von der Dönerbude über Pizzerien bis zum Gourmettempel alles vertreten – hier soll aber von den regionalen Produkten die Rede sein.

Im Neckartal

Im Neckartal kommt bei traditionsbewussten Wirten schwäbisch-badische Kost auf den Tisch: Spätzle, Maultaschen, Rostbraten, Saure Nierle und Co., dazu am besten die Weine von den umliegenden Hängen. In und um Eberbach grassiert seit einigen Jahren das Bärlauch-Fieber: Gastronomie, Bäcker und Metzger kreieren immer neue Rezepte rund um den Waldknoblauch. Höhepunkt sind die Eberstädter Bärlauchtage im April (www.baerlauchtage.de).

An der Bergstraße

An der sonnenverwöhnten Bergstraße spielt der Wein, überwiegend weiße Sorten, die Hauptrolle. Das nur 460 ha große Anbaugebiet teilen sich mehr als 600 Winzer, die den Rebbau häufig im Nebenerwerb betreiben. So wie die Bergsträßer ihren Wein gern selbst trinken, schmeckt er auch den Gästen besonders gut: in einer Straßenwirtschaft zu Handkäs' mit Musigg (eingelegt in Essig, Öl und Zwiebeln) oder zu einer deftigen Vesper.

Viele Lokale werben mit regionalen Spezialitäten

Im Bauland

Auch das Bauland hat seine Spezialität: Grünkern. Der früher aus der Not heraus – weil er in kühlen Jahren nicht reifen wollte – grün geerntete und gedarrte Dinkel hat seit einigen Jahren Einzug in die Spezialitätenküche der Restaurants gehalten. Da wurden alte Rezepte ausgegraben und neue kreiert: Suppen und pikante Küchlein, Auflauf, Salat und Süßes wie Grünkernkirschkuchen oder Lebkuchen. Im Juli laden viele Restaurants zu den Odenwälder Grünkernwochen ein (www.grünkernwochen.de).

Im Odenwald

Was ist noch typisch Odenwald? Lamm zum Beispiel: Schafe finden auf den Kuppen und Weiden des Waldgebirges beste Bedingungen. Zu den Lammwochen um Ostern übertrumpfen sich die Künstler am Herd jedes Jahr mit neuen Ideen (www.lammwochen-odenwald.de). Oder Kartoffeln: Bei den Odenwälder Kartoffelwochen Mitte September entwickeln die Gastronomen immer wieder neue, fantasievolle Rezepte (www.kartoffelwochen.de). Zur Jagdsaison bieten viele Wirte Hase, Reh oder Wildschwein aus den heimischen Wäldern an.

Einen herzhaften Kuhmilch- und Ziegenkäse stellt die **Molkerei Hüttenthal** an der Siegfriedstraße (B 460) im Familienbetrieb her. Man bekommt ihn im Direktverkauf und als Brotzeit im Milchgarten (Molkereiweg 1, Mossautal, Tel. 0 60 62/2 66 50, www.molkerei-huettenthal.de).

Unter dem Label **Odenwald Gasthaus** hat sich ein Dutzend familiengeführter Gasthäuser zusammengeschlossen, die alle soweit wie möglich regionale Produkte verwenden. Lamm und Rind, Fisch aus den Teichen, Obst und Gemüse aber auch Wein, Bier oder Käse kommt bevorzugt aus Odenwälder Partnerbetrieben (www.odenwald-gasthaus.de).

Odenwälder Hirtenpfanne

Zutaten: 1 Wirsingkopf, 700 g Lammhackfleisch, Öl, 2 Zwiebeln, 250 g Sauerrahm, 2 Knoblauchzehen, Salz, Pfeffer, Thymian, 1/4 l Brühe.
Öl erhitzen, Lammhack anbraten, Zwiebeln und Knoblauch hinzufügen. Wirsing waschen, in 1 cm breite Streifen schneiden. Zum angebratenen Hackfleisch geben und kurz mitdünsten. Mit Brühe auffüllen und würzen. Etwa 20 Min. köcheln lassen. Zum Schluss Sauerrahm unterziehen und nochmals abschmecken. Als Beilage eignen sich Bratkartoffeln; dazu trinkt man Bier oder trockenen Rotwein.

Urlaub aktiv

Wandern

Mit seinen abwechslungsreichen Landschaftsformen präsentiert sich der Odenwald als vielseitiges und lohnenswertes Wanderland. Insgesamt durchziehen fast 15 000 km gut beschilderter Wege das Gebirge. Zahlreiche Ferienorte laden in der Sommersaison zu geführten Wanderungen und Naturbeobachtungen ein. Auch halten die Tourist-Informationen und Verkehrsämter Wandervorschläge und Kartenmaterial bereit.

Darüber hinaus locken interessante, auch mehrtägige Strecken- und Rundwanderwege, sowie das Programm Wandern ohne Gepäck (s. Special S. 11).

Von den Bahnhöfen Erbach, Michelstadt und Hirschhorn bringt der **NaTourBus** Wanderer und Radler (kostenlose Fahrradmitnahme) von April bis Oktober auf die Höhen zu Ausgangspunkten lohnender Touren. Zu den drei NaTourBus-Linien gibt es eine ausführliche Broschüre mit ausgewählten Wander- und Radwandertouren sowie vielen Tipps (2,50 €). Bestellung und Infos unter **OREG,** Nahverkehr, Marktplatz 1, 64711 Erbach, Tel. 0 60 62/94 33-0, www.oreg.de/nahverkehr.

Radfahren

Ein ausgedehntes Radwegenetz sowie Mountainbike-Strecken machen den Odenwald zu einer reizvollen Tourenlandschaft – für Konditionsstarke im Inneren des Berglandes, für Familien mit Kindern eher in den Tälern von Neckar, Tauber, Main sowie an der

Das Radwegenetz im Odenwald hat für jeden etwas zu bieten

Bergstraße. Familienfreundlich ist beispielsweise das 27 km lange **Bahntrassenradeln** von Mudau nach Mosbach, wo der größte Streckenabschnitt auf der Trasse einer stillgelegten Schmalspurbahn verläuft. Interessant sind auch der 50 km lange **Grünkern-Radweg** von Walldürn-Gottersdorf nach Widdern oder der **Limes-Radweg,** der sich dem römischen Grenzwall vom Rhein zur Donau entlangschlängelt und den Odenwald von Miltenberg bis Osterburken durchquert (Infos siehe Special S. 6). Baden-Württemberg, Bayern und Hessen berührt der 225 km lange **Drei-Länder-Radweg.**

Motorbikes

Motorradfahrer finden Herausforderungen auf anspruchsvollen Strecken, die über Höhen und durch Täler zu den wichtigsten Sehenswürdigkeiten führen. Mehrere miteinander kombinierbare Tourenvorschläge zwischen Main, Neckar, Tauber und bis nach Hohenlohe mit insgesamt mehr als 500 km sind im Faltblatt **Hot Biker Tour** beschrieben.

Baden

Badespaß bieten neben mehreren Dutzend Hallen- und Freibädern auch einige Badeseen und größere Spaßbäder. Das Wasser des Darmbachs speist den **Großen Woog,** einen traditionsreichen Badesee mit Insel und historischer Badeanstalt in Darmstadt. Zum ausgiebigen Relaxen lockt die weitläufige Bade- und Freizeitlandschaft **Miramar** in Weinheim, zu der ebenfalls ein Badesee gehört. Im Herzen des Odenwaldes lädt der **Marbach-Stausee** bei Beerfelden zum Sprung ins kühle Nass nach anstrengenden Rad- und Wandertouren. Frisches Quellwasser speist einen **Badesee** bei Freudenberg am Main – mit großer Liegewiese und Spielplatz. In Bad König, dem einzigen Thermalbad im Odenwald, bietet die **Odenwald-Therme** nicht nur Badespaß, sondern auch eine breite Palette an Gesundheits- und Wellnessleistungen. Auch beim **Solebad** in Bad Wimpfen handelt es sich sowohl um ein Freizeit- als auch um ein Gesundheitsbad.

Wasserwandern

Besonders der Neckardurchbruch durch den Odenwald zwischen Erbach und Neckargemünd, interessantester Teil des Flusses, eignet sich zum Kanuwandern. Je nach Lust und Kondition sind ein- oder mehrtägige Touren möglich. Boote können gemietet werden. An jeder Schleuse steht zum Umsetzen der Boote ein Rollwagen zur Verfügung. Unterwegs locken Gasthäuser und Campingplätze mit Ein- und Aussetzstellen.

i **Tourist-Information,** 69412 Eberbach am Neckar, Tel. 0 62 71/48 99, www.eberbach.de

★ Auf den Spuren von Mark Twain: Der amerikanische Schriftsteller eroberte bei seinem Aufenthalt in Heidelberg auch das Neckartal per Floß. Im Rahmen einer Pauschale kann man den Neckar von Heilbronn bis Heidelberg in Kombination mit Fahrrad und Kanu in fünf Tagen entdecken. Auch gibt es Kanuspaß mit Übernachtung im Teepee-Zelt. Veranstalter: **100 % Kanu+Bike,** Tel. 0 71 39/93 49 00, www.kanu-bike.de, www.MarkTwain.de.

Schiffsausflüge

Auf den Bundeswasserstraßen Neckar und Main schippern nicht nur Lastkähne, sondern auch Ausflugsschiffe. Bevorzugte Strecken auf dem Neckar sind das schlingenreiche Tal entlang der Burgenstraße zwischen Heidelberg und Eberbach, auf dem Main der Abschnitt zwischen Wertheim und Miltenberg, wo der Fluss sich zwischen Odenwald und Spessart hindurchschlängelt.

i Den Main befährt die **Reederei Henneberger,** 63897 Miltenberg, Tel. 0 93 71/33 30, www.reederei-henneberger.de
▪ Auf dem Neckar ist die **Fahrgastschifffahrt Rhein-Neckar,** 69117 Heidelberg, Tel. 0 62 21/2 01 81, www.rnf-schiffahrt.de, unterwegs.

Reiten

Das Reiten im Odenwald ist auf den meisten Wegen erlaubt, ausgenommen Rad- und Fußgängerwege und in Naturschutzgebieten. Speziell im Odenwaldkreis laden fast zwei Dutzend Reitstationen und pferdefreundliche Gasthöfe zur Rast oder bei

Streckenwanderungen zur Übernachtung für Pferd und Reiter. Sie sind in einem Faltblatt beschrieben und abgebildet, das außerdem zahlreiche Tipps und eine Liste der Hufschmiede enthält; erhältlich beim Touristik Service Odenwald-Bergstraße, www.odenwald-pferd.de (s. S. 26).

Golfsport

Sechs Golfclubs im Odenwald bieten zwischen Abschlag und Einlochen abwechslungsreiche Landschaftseindrücke. Über die Clubs, Partner-Golfhotels, alle Golfplätze, Driving Ranges sowie Kursangebote für Einsteiger und Fortgeschrittene, Schnupperkurse und Pauschalen informiert detailliert die Broschüre Golfsport im Odenwald (www.odenwald.de).

Fliegen und Ballonfahren

In die Luft gehen kann man auf verschiedene Art und Weise: Segelflieger starten in Reinheim (Tel. 0 61 62/16 76, www.fsvor.com) oder in Vielbrunn (Tel. 0 60 66/2 46), Motorflugzeuge und Ultraleicht-Flieger vom Flugplatz Michelstadt (Tel. 0 60 61/21 36) oder in Miltenberg (Tel. 0 93 71/33 63), Ultraleicht-Flieger auch ab Wertheim (Tel. 0 93 42/2 23 61). Heißluftballone starten ihren Höhenflug in Wertheim (Tel. 0 93 42/3 90 80) oder in Waldbrunn (Tel. 0 62 74/56 87).

Über Übungshänge und Startplätze für Flugdrachen und Gleitschirmflieger (z. B. bei Lindenfels oder am Königstuhl) können der **Erste Odenwälder Drachen- und Gleitschirmflug club** (verein@gleitsegel-fliegen.de) oder der **Drachenflugclub Miltenberg** (Tel. 0 93 71/26 73) informieren. Paragliding lernen kann man u. a. bei der **Flugschule Hirondelle** in Weinheim (Tel. 0 62 01/18 57 18 12) oder auch bei der **Flugschule Rhein-Main-Neckar** (Tel. 0 62 01/3 46 26).

Wintersport

Der Odenwald hat drei Wintersportzentren: **Beerfelden** bietet Langlaufloipen und einen Skilift von 450 m Länge, der inzwischen durch künstliche Beschneiung auf 40–60 Betriebstage kommt (www.skilifte-beerfelden.de); Flutlicht macht Ski- und Snowboard-Abfahrten bis 21 Uhr täglich möglich. Am Wochenende bietet eine Skischule Kurse an. Die **Neunkircher Höhe** (Gemeinde Modautal) mit einem Doppel-Schlepplift von 300 m Länge, Langlaufloipen und Rodelhängen ist ein überaus beliebtes Wochenendziel. Einen Skilift von 300 m Länge (mit Flutlicht) gibt es auch in Birkenau bei Weinheim, Ortsteil **Löhrbach.** Auf dem

Ferienstraßen

Dass der Odenwald ein beliebtes Feriengebiet ist, beweisen nicht weniger als zehn touristische Straßen, die durch diese Region führen oder sie berühren. Am populärsten sind Bergstraße, Nibelungenstraße, Siegfriedstraße, Deutsche Limesstraße, Burgenstraße und Deutsche Fachwerkstraße. Weniger bekannt sind die Bocksbeutelstraße am Main entlang, die Museumsstraße Odenwälder Bauernhaus und die Museumsstraße Odenwald-Bergstraße. Vorgestellt werden sie in der Broschüre »Odenwald sagenhaft gut«.

Hang kann im Sommer Grasski gefahren werden (Di, Do 18–20 Uhr, Leihski). Zu Skilanglauf laden bei entsprechender Schneelage u. a. mehrere gespurte Loipen rund um **Waldbrunn** im Hohen Odenwald am Katzenbuckel ein. Sie sind 4–7 km lang und leicht bis mittelschwer.

TouristikService Odenwald-Bergstraße, Marktplatz 1, 64711 Erbach, Schneetelefon 0 60 62/94 33 30 und tgl. aktuell unter www.odenwald.de

Geo-Naturpark-Aktivitäten

Nicht weniger als 140 Angebote und Aktivitäten pro Jahr zu Themen aus Erd- und Landschaftsgeschichte bietet der Geo-Naturpark Bergstraße-Odenwald. Highlights sind das Felsenmeer, die Grube Messel, die Burg Frankenstein und das Beerfelder Land. Das Spektrum reicht von Wanderungen und Radtouren mit fachkundiger Führung über Exkursionen zu Geologie, Landschaftsentwicklung und Naturschutz, nächtliche Naturtouren, Litera-Touren, Unternehmungen mit einem Ranger bis hin zu Wünschelrouten-Schnupperkursen, Kräuter- und Themenwanderungen. Der freundliche Drache Siggi als Markenzeichen lädt außerdem »Geokids« zu besonderen Orten im Geopark ein, wo sie Fragen beantworten und Fotos machen können und dabei einiges über die jahrmillionenalte Geschichte der Landschaft im Odenwald und an der Bergstraße erfahren.

Details und aktuelle Programme bei **Geo-Naturpark Bergstraße-Odenwald,** Nibelungenstr. 41, 64653 Lorsch, Tel. 0 62 51/70 79 90, www.geo-naturpark.de

Unterkunft

Hotels und Gasthöfe

Die Palette der Unterkunftsmöglichkeiten reicht von Pensionen und Privatzimmern bis zum Fünf-Sterne-Hotel. Die einzelnen Orte geben umfangreiche Hotelverzeichnisse heraus. Drei Dutzend »Sterne-Hotels« – Hotels, Landgasthöfe und Pensionen mit zwei oder drei Sternen im Inneren des Odenwaldes – beschreibt eine gleichnamige Broschüre.

Odenwald-Sterne-Hotels, Reichweinstr. 11, 74867 Neunkirchen, Tel. 0 62 62/91 81 72, www.odenwald-sterne-hotels.de

Ferien auf dem Bauernhof

Mit Katz und Kuh auf Du und Du – reizvoll für Familien ist Landurlaub auf Bauern- oder Reiterhöfen. Über die Angebote informiert die Broschüre **Bauernhof- und Landurlaub.** Weitere Unterkunftsverzeichnisse halten die örtlichen Touristikämter bereit. Sehr hilfreich sind die Internetadressen www.odenwald-urlaubshoefe.de und www. urlaubsring-odenwald.de

Feriendörfer

Neben zahlreichen Ferienwohnungen privater Vermieter bieten zwei Feriendörfer unbeschwerten Familienurlaub mit entsprechendem Sport- und Unterhaltungsangebot. Das Feriendorf Waldbrunn mit 193 Häusern liegt unmittelbar am Katzenbuckel. Im Ortsteil Kröckelbach der Gemeinde Fürth (Kreis Bergstraße) laden 25 Ferienhäuser Familien zur Erholung ein.

Angenehmen Aufenthalt!

Feriendorf Waldbrunn GmbH, 69429 Waldbrunn, Tel. 0 62 74/9 10 90, www.feriendorf-waldbrunn.de

Verein Feriendorf Odenwald GmbH, 64658 Fürth-Kröckelbach, Tel. 0 62 53/94 82 99, www.feriendorf-kroeckelbach.de

Jugendherbergen

Knapp ein Dutzend Jugendherbergen bieten Familien, Gruppen und Einzelreisenden preiswerte Unterkunft und einfache Verpflegung, einige davon in urigen Gemäuern. In Neckargemünd-Dilsberg z. B. wurde die Jugendherberge in die alte Stadtmauer integriert, in Breuberg ein Teil der Burg ausgebaut. Infos unter **www.jugendherberge.de** beim jeweiligen Landesverband Hessen, Baden-Württemberg und Bayern.

Campingplätze

Zwischen Main und Neckar laden über 40 Campingplätze zum Aufenthalt ein. Viele befinden sich in der Nähe von Frei- oder Strandbädern an den Flüssen. Über Lage und Ausstattung informiert eine Broschüre, die bei allen drei regionalen Tourist-Informationen (s. S. 103) angefordert werden kann.

Verkehrsmittel

Mit dem Auto

In allen vier Himmelsrichtungen ist der Odenwald von Autobahnen umgeben: Im Westen verläuft die A 5 Darmstadt–Heidelberg, im Süden die A 6 Heilbronn–Mannheim, im Osten die A 81 Heilbronn–Würzburg und im Norden die A 3 Aschaffenburg–Würzburg. Das Innere des Berglandes wird von Bundes- und Landesstraßen erschlossen: Von Westen her durchqueren die B 426 Darmstadt–Höchst–Oberndorf, die B 47 Bensheim–Michelstadt–Amorbach und die B 460 Heppenheim–Beerfelden das Gebirge. Durch das Neckartal im Süden verläuft die B 37 Heidelberg–Eberbach, von der bei Eberbach die zentrale Süd-Nord-Verbindung der B 45 Eberbach–Michelstadt–Dieburg abzweigt. Durch das Bauland im Osten führt die B 25 Mosbach–Buchen–Walldürn.

Mit Bahn und Bus

Die peripheren Hauptstrecken umrunden den Odenwald, ins Innere führt vor allem die **Odenwaldbahn** (www.oreg.de/odenwaldbahn/). Im Osten verläuft die Bahnlinie Osterburken–Buchen–Walldürn–Amorbach–Miltenberg, von Westen führen die Strecken Darmstadt–Höchst und Weinheim–Fürth in den Odenwald hinein. Besonders komfortabel ist die Bahnanbindung im Süden, wo das Rhein-Neckar-S-Bahn-Netz bis ins Neckartal nach Mosbach und weiter bis Osterburken im Bauland befahren wird (Fahrplan unter www.vrn.de).

Orte ohne Bahnanschluss werden durch Busse des öffentlichen Nahverkehrs erreicht.

***Heidelberg

Alte Romantikstadt mit jungem Herzen

Keine andere deutsche Stadt wird so häufig mit dem Begriff Romantik assoziiert wie Heidelberg (145 000 Einw.). Und so drängen sich Tag für Tag Scharen von Touristen nicht nur aus nahen Nachbarländern, sondern auch aus den USA und Japan, aus Australien und dem Fernen Osten in den Altstadtgassen mit ihren Souvenirläden, Boutiquen, Restaurants und Studentenkneipen.

Schon im 18. und 19. Jh. zog die lebensfrohe kurpfälzische Residenz Europas Dichter und Denker magnetisch an. Victor von Scheffel, Joseph von Eichendorff, Gottfried Brentano und Achim von Armin wurden von der unvergleichlichen Atmosphäre ebenso inspiriert wie Jean Paul oder Gottfried Keller, Mark Twain und Victor Hugo; die Namensliste ließe sich lange fortsetzen.

Nun ist Heidelberg aber beileibe kein museales Kleinod, sondern eine höchst lebendige, kosmopolitische Multi-Kulti-Stadt. Dazu tragen vor allem die 25 000 Studenten bei, die – zumindest während des Semesters – im Straßenbild genauso unübersehbar sind wie die Touristen aus aller Welt. Deshalb sollte man auch in Heidelberg wenigstens einmal übernachten, um beim abendlichen Kultur- und Kneipenbummel das junge Flair der alten Universitätsstadt zu erleben.

Blick auf die Heidelberger Altstadt mit dem Schloss der Wittelsbacher Kurfürsten

Geschichte

Karte Seite 31

Die ältesten menschlichen Spuren in Europa stammen aus der Region um Heidelberg: 1907 wurde hier der Unterkiefer des »Homo erectus heidelbergensis« gefunden (s. S. 30). Im 5. Jh. v. Chr. siedelten Kelten, von 80 bis 260 n. Chr. Römer, ab dem 5. Jh. war die heutige Stadt dauerhaft bewohnt. 1156 wird Kaiser Barbarossas Halbbruder Konrad von Staufen Pfalzgraf, 1214 gelangt die Pfalzgrafschaft an die Wittelsbacher. Im selben Jahrhundert entstehen die erste Burg und die erste Brücke über den Neckar. 1356 erhalten die Pfalzgrafen die Kurfürstenwürde und gründen 30 Jahre später die erste Universität im heutigen Deutschland.

Kurfürst Otto Heinrich (1556–1559) führt die Reformation ein, der Heidelberger Katechismus wird Lehrbuch des reformierten Bekenntnisses. 1559 wird der Ottheinrichsbau des Schlosses, der erste deutsche Renaissance-Palast, vollendet. 1607 folgt der Friedrichsbau als Höhepunkt der deutschen Renaissance am Übergang zum Barock.

Im Dreißigjährigen Krieg erobert der kaiserliche Feldherr Tilly die Stadt, die schwer beschädigt wird. 1685 stirbt der letzte Kurfürst der in Heidelberg residierenden Pfalz-Linie. Im Verlauf des Pfälzischen Erbfolgekriegs wird Heidelberg von französischen Truppen besetzt, Schloss und Stadt werden teilweise zerstört. 1693 fallen die Franzosen ein zweites Mal ein, sprengen die Reste des Schlosses und brennen die Stadt nieder. Unter Kurfürst Karl Theodor (1742–99) erlebt Heidelberg eine neue bauliche, wirtschaftliche und kulturelle Blüte. Im Reichsdeputationshauptschluss 1803 fällt Heidelberg mit der Kurpfalz an das Großherzogtum Baden.

Karte Seite 31

Begehrte Plätze an der Sonne: Straßencafé auf dem Marktplatz

Den Zweiten Weltkrieg übersteht die Stadt fast ohne Schäden, angeblich, weil die Amerikaner sie frühzeitig als Sitz ihres Hauptquartiers in Deutschland festgelegt und geschont haben sollen.

Der Neubau des Hauptbahnhofs vor der Stadt in der Rheinebene 1955 und spätere Straßentunnel ermöglichen es, den Auto- und Straßenverkehr aus der Hauptstraße zu verbannen. Für Altstadt und Schloss wurde ein Antrag zur Aufnahme in die Liste des UNESCO-Weltkulturerbes gestellt.

Hauptstraße ❶

Ein Segen für die Stadt und ihre Besucher: Die fast zwei Kilometer lange Hauptstraße ist vom Verkehrsknotenpunkt Bismarckplatz im Westen bis zum *Marktplatz im Osten eine flanierfreundliche Fußgängerzone. Kaum vorstellbar, dass sich vorher der gesamte Durchgangsverkehr ins Neckartal und sogar noch die Straßenbahnen durch diese enge Straße zwängten. Geschäfte aller Branchen, Souvenirläden, Straßencafés, Restaurants und historische Gebäude säumen sie auf ihrer ganzen Länge. Studenten steuern die verschiedenen Universitätsgebäude an, allerlei Komödianten und Kleinkünstler versuchen die Aufmerksamkeit der Passanten zu gewinnen.

Kurpfälzisches Museum ❷

In einem Barockpalais von 1712 mit stimmungsvollem Innenhof gibt das Kurpfälzische Museum einen Überblick über die Geschichte der Region vom Homo heidelbergensis bis zur Gegenwart. Herausragend sind der vom berühmten Holzschnitzer Tilman Riemenschneider 1509 geschaffene Windsheimer Zwölfbotenaltar sowie Gemälde und Skulpturen vom 15. bis 20. Jh. und graphische Sammlungen (Hauptstr. 97, Di–So 10–18 Uhr). Auch die Kochkunst kommt hier nicht zu kurz. Das Restaurant des Museums verlockt mit leckeren Gerichten (Tel. 0 62 21/2 40 50, ○○).

Universitätsplatz ❸

Karte Seite 31

Am Universitätsplatz, wo 1386 die erste Universität in Deutschland gegründet wurde, dominiert das 1712 bis 1728 errichtete barocke Gebäude der **Alten Universität** mit Glockentürmchen. Vor den beiden geschwungenen Portalen steht der Löwenbrunnen. In diesem Gebäude residiert der Rektor der Universität, auch das neogotische Gebäude links gehört zur Uni. Etwas oberhalb des Platzes ragt der Turm der barocken **Jesuitenkirche** über die Gebäude der Neuen Universität, deren drei Flügel eine kleine Grünanlage mit dem **Hexenturm** ❹ umschließen, einziger erhaltener Turm der mittelalterlichen Stadtbefestigung. In Verlängerung des Universitätsplatzes führt die Grabengasse zur ***Universitätsbibliothek** ❺ mit einer reich geschmückten

❶ Hauptstraße
❷ Kurpfälzisches Museum
❸ Universitätsplatz
❹ Hexenturm
❺ Universitätsbibliothek
❻ Studentenkarzer
❼ Untere Straße
❽ Reichspräsident-Friedrich-Ebert-Gedenkstätte
❾ Alte Brücke mit Brückentor
❿ Heiliggeistkirche
⓫ Haus »Zum Ritter«
⓬ Marktplatz
⓭ Kornmarkt
⓮ Schloss
⓯ Philosophenweg

Karte Seite 31

Fassade von 1903. Die Bibliothek besitzt wertvolle mittelalterliche Handschriften; eine Dauerausstellung zeigt die Arbeit in mittelalterlichen Schreibstuben (Mo–Sa 10–18 Uhr).

*Studentenkarzer ❻

Auf der Rückseite der Alten Universität befindet sich in der Augustinergasse der Eingang zum Studentenkarzer, der über 200 Jahre lang – von 1712 bis 1914 – als Gefängnis für aufmüpfige Studiosi diente, z. B. zur Strafe für Trunkenheit, groben Unfug oder nächtliche Ruhestörung. Mindestens einmal während des Studiums musste man dort eingesessen haben, war die Maxime fast aller Studenten. Aus Langeweile verzierten die Delinquenten Wände und Decken mit martialischen Graffiti, originellen Sprüchen und Reimen. Heute gehört der Karzer, in dem noch die Pritschen stehen, zu den Touristenmagneten (April–Okt. Mo–Sa 10–16, Nov.–März Di–Fr 10–14 Uhr).

Untere Straße ❼

Zwischen Heumarkt mit modernem Fischbrunnen und Fischmarkt hinter der Heiliggeistkirche verläuft parallel unterhalb der Hauptstraße die Untere Straße. Das oft vom Neckarhochwasser bedrohte einstige Wohngebiet der ärmeren Bevölkerung mit Hinterhöfen und kleinen Durchgängen hat sich zu einem urbanen Viertel entwickelt. Hier drängen sich die originellsten Bars, Kneipen und Lokale, und hier treffen sich auch die Einheimischen und vor allem die Studenten zum Essen, Trinken und Diskutieren. Die Cafés und Gaststätten in der Hauptstraße überlässt man eher den Touristen. Die Seitengassen zum Neckar hinunter

Im Studentenkarzer haben sich etliche Delinquenten verewigt

wurden übrigens absichtlich etwas »krumm« angelegt, damit sie so die sichtbaren Häuserfronten der Sträßchen optisch verlängern.

Reichspräsident-Friedrich-Ebert-Gedenkstätte ❽

Am 4. Februar 1871 wurde in der Pfaffengasse 18 Friedrich Ebert als siebtes Kind eines Schneidermeisters geboren. Seine nur 47 m² große Geburtswohnung, wo er auch seine Kindheit und Jugend verbrachte, ist heute Museum. Die Gedenkstätte daneben erinnert an die politische Bedeutung des ersten demokratischen Staatsoberhaupts der deutschen Geschichte (Pfaffengasse 18, Di–So 10–18 Uhr).

*Alte Brücke mit Brückentor ❾

Wo schon 1284 eine erste Holzbrücke auf Steinpfeilern den Neckar überspannte, ließ Kurfürst Karl Theodor 1788 die Alte Brücke (heute Karl-Theodor-Brücke) aus Stein erbauen, um der wiederholten Zerstörung der Holzbrücken durch Hochwasser, Feuer oder Eisgänge ein Ende zu setzen. Die markanten weißen Tortürme mit ihren

Karte Seite 31

Glockendächern auf der Stadtseite waren schon früher als Teil der mittelalterlichen Stadtbefestigung entstanden. Die autofreie Brücke gehört als Vordergrund für Altstadt und Schloss zu den meistfotografierten Motiven Heidelbergs. Beliebt für Erinnerungsfotos ist auch der Bronze-Affe am Brückenturm, der den Menschen einen Spiegel vorhält. Direkt an der Alten Brücke starten die Rundfahrten mit dem Solarkatamaran Neckarsonne (s. S. 37).

Brückenaffe an der Karl-Theodor-Brücke

*Heiliggeistkirche ⑩

Von der Karl-Theodor-Brücke führt die Steiggasse direkt auf die gotische Heiliggeistkirche mit ihrem gewellten Turmhelm zu. Der Grundstein wurde 1398 gelegt, der 82 m hohe Turm aber erst 1483 vollendet. Über den Emporen befand sich eine der besten Büchersammlungen der damaligen Zeit, die berühmte »Bibliotheca Palatina«. Nach der Eroberung Heidelbergs im Dreißigjährigen Krieg ließ der kaiserliche Feldherr Tilly diese Bibliothek ebenso wie die kurfürstliche Privatbücherei der Universität auf 50 Wagen nach Rom transportieren, wo sich der größte Teil noch heute in der päpstlichen Bibliothek des Vatikans befindet.

Nach ihrer teilweisen Zerstörung im Pfälzischen Erbfolgekrieg wurde die Kirche 1700 wieder aufgebaut und jahrhundertelang sowohl von Katholiken als auch von Reformierten genutzt. Weil es ständig Streit gab, teilte man die Kirche zwischen Chor und Langhaus mit einer Scheidemauer, die bis 1936 stehen blieb. Den Zweiten Weltkrieg überstand die Kirche wie die ganze Stadt nahezu unbeschädigt; nur die Fenster der Nordseite gingen bei der Sprengung der Alten Brücke (durch deutsche Truppen) zu Bruch.

*Haus »Zum Ritter« ⑪

Als einziges Bürgerhaus entging das 1592 von dem wohlhabenden Tuchhändler Charles Belier erbaute Haus »Zum Ritter« gegenüber der Heiliggeistkirche der Zerstörung der Stadt durch die Franzosen. Ab 1705 diente es als Gasthaus; heute ist ein Hotel in die ehrwürdigen Mauern eingezogen. Die überaus prächtige Renaissance-Fassade zählt zu den Höhepunkten jener Epoche in ganz Deutschland.

*Marktplatz ⑫

Südliches Flair strahlt in den Sommermonaten der mit Tischen und Stühlen der umliegenden Restaurants und Cafés besetzte Marktplatz aus. Er wird im Westen vom Chor der Heiliggeistkirche, im Osten von dem ab 1710 erbauten barocken **Rathaus** begrenzt. Von der Säule des Marktbrunnens in der Platzmitte schaut ein fröhlicher Herkules dem quirligen Treiben zu seinen Füßen zu. Beim Wochenmarkt am Mittwoch- und Samstagvormittag bieten regionale Erzeuger ihre Produkte auf dem Platz an.

Karte Seite 31

Kornmarkt ⑬

Hinter dem Rathaus öffnet sich der Kornmarkt mit Blick auf das scheinbar unmittelbar über den Dächern schwebende Schloss. An der südlichen Ecke befindet sich die Station der traditionsreichen **Bergbahn,** die in wenigen Minuten zum Schloss hinauf fährt (im Sommer tgl. 9–20.20 Uhr alle 10 Minuten, im Winter 17.45 Uhr letzte Ankunft am Kornmarkt).

Wer einen weiten Blick auf das 430 m tiefer gelegene Heidelberg, den Odenwald und die Rheinebene bis zum Pfälzer Wald genießen möchte, kann mit der Bergbahn vom Schloss weiter zur Station **Molkenkur** fahren und dort in den zweiten Bahnabschnitt umsteigen (alle 20 Min.). Anstelle der modernen Wagen im unteren Teil zuckeln nun nostalgische Holzwagen gemütlich auf den 568 m hohen Königsstuhl, die zweithöchste Erhebung des Odenwaldes. Oben befinden sich ein ausgedehntes Wander- und Spazierwegenetz, die Falknerei **Tinnunculus** (Flugvorführungen April bis Okt. um 11.30 und 15.30 Uhr, Nov. bis März um 15.30 Uhr; Mo Ruhetag; www.tinnunculus-heidelberg.de) und das **Märchenparadies** mit Spielplätzen und einem kleinen Vergnügungspark für Kinder.

1 **Schloss ⑭

Mächtig thront das Heidelberger Schloss über den Dächern der Altstadt. Unübersehbar hebt sich der rote Sandstein des Gemäuers vom dunkelgrünen Wald des aufsteigenden Odenwaldhanges ab. Seine pittoreske Lage begeistert seit Jahrhunderten Besucher aus aller Welt. Dabei handelt es sich eigentlich um eine Ruine, wenn auch um eine gewaltige. Die erste Burg an dieser Stelle wird 1225 erwähnt, doch was heute zu sehen ist, stammt überwiegend aus der Zeit zwischen 1400 und 1620. Die wichtigsten Bauteile gruppieren sich um den Innenhof, den man durch den **Torturm** Ⓐ betritt. Zu den ältesten Bauteilen gehört der ab 1400 entstandene schlichte **Ruprechtsbau** Ⓑ gleich links neben dem Turm, gefolgt vom ebenfalls wenig spektakulären, etwas zurückgesetzten **Bibliotheksbau** Ⓒ und der Ruine des **Frauenzimmerbaus** Ⓓ am Ende der linken Seite. Auch die ersten Gebäude rechts, diverse **Wirtschaftsgebäude** Ⓔ und der 1524 entstandene, bescheidene **Ludwigsbau** Ⓕ verschwinden fast vor den beiden dominierenden Gebäuden des Schlosses. Durch die hohlen Fensteröffnungen der oberen Stockwerke des **Ottheinrichsbaus** Ⓖ blickt der Himmel. Diesen Palast ließ der 1556 bis 1559 regierende Kurfürst Otto Heinrich mit reich geschmückter Fassade erbauen. Er gilt als prächtigstes Beispiel der deutschen Frührenaissance – herrlicher kann eine Ruine nicht sein. Im Untergeschoss befindet sich das **Deutsche Apothekenmuseum,** das einen Überblick über die Entwicklung der Medizin von den ersten Alchimisten bis zur Gegenwart gibt (tgl. 10–17 Uhr). Während der Ottheinrichsbau die deutsche Frührenaissance markiert, lassen sich beim fast 50 Jahre später von Kurfürst Friedrich in reifer Spätrenaissance erbauten **Friedrichsbau** Ⓗ schon erste Vorboten der barocken Bauepoche erkennen. Auffallend auch ein Dutzend mächtiger Fürstenstatuen in den Nischen zwischen den Fenstern.

Während des Pfälzischen Erbfolgekriegs ließ Ludwig XIV. durch General Melac Stadt und Schloss 1688/89 und noch einmal 1693 zerstören. Um 1745

Karte Seite 35

wurde mit dem Wiederaufbau des Schlosses begonnen, das jedoch 1764 nach einem Blitzschlag völlig ausbrannte. Der ab 1870 geplante erneute Aufbau begann am Friedrichsbau, doch wurde gegen Ende des 19. Jhs. an der Ruine nicht mehr weitergebaut und seitdem werden nur noch Sicherungsarbeiten durchgeführt, weshalb immer mal wieder einige Teile eingerüstet sind.

Im Keller des Friedrichsbaus steht das berühmte **Große Fass.** Tatsächlich handelt es sich um zwei Fässer. Das kleinere fasst 125 000 Liter und ist das größte Holzfass der Welt, das jemals mit Wein gefüllt war. Das noch größere, 1751 erbaute Fass könnte 220 000 Liter aufnehmen, war aber nie gefüllt. Wächter des großen Fasses war der trinkfeste Hofnarr Perkeo, dessen Statue im Fasskeller steht.

Im Apothekenmuseum

- A Torturm
- B Ruprechtsbau
- C Bibliotheksbau
- D Frauenzimmerhaus
- E Wirtschaftsgebäude
- F Ludwigsbau
- G Ottheinrichsbau
- H Friedrichsbau
- I Großer Altan

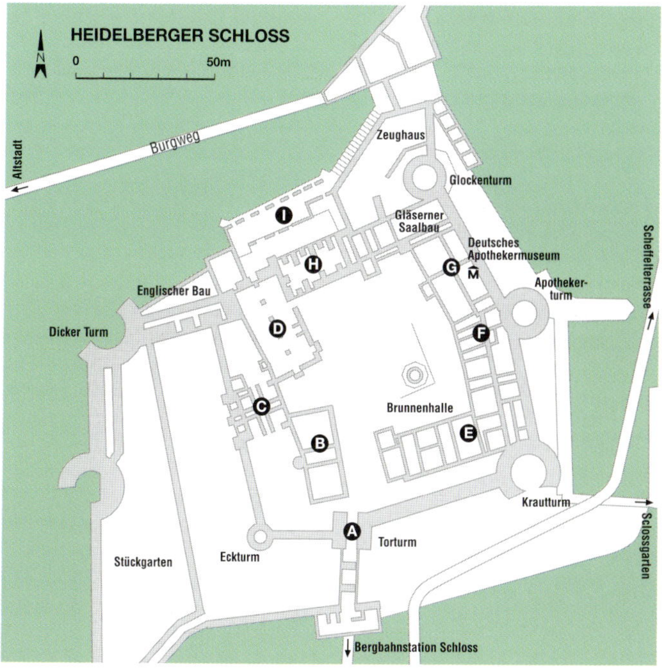

Karte Seite 35

Ein Durchgang am Friedrichsbau führt auf den **Großen Altan ❶**, der einen eindrucksvollen Blick auf die unmittelbar zu Füßen liegende Stadt, den Neckar und den gegenüberliegenden Philosophenweg bietet.

Wer gut zu Fuß ist, erreicht vom Altan aus über den steilen, gepflasterten Burgweg in wenigen Minuten wieder den Kornmarkt.

i Das Heidelberger Schloss ist ganzjährig ab 8 Uhr geöffnet, Kassenschluss ist um 17.30 Uhr. Im Eintrittspreis ist der Zugang zum Innenhof, zum Großen Fass, auf den Altan und zum Apothekenmuseum eingeschlossen, Schlossführungen mit Innenräumen sind extra zu buchen (Tel. 0 62 21/53 84 21). Der Schlossgarten außerhalb der Festungsbauwerke ist frei zugänglich. Im Sommer ist der Innenhof des Schlosses Schauplatz von Freilichtaufführungen.

Der Philosophenweg ⑮

Der viel gerühmte Schaupfad beginnt oberhalb der Theodor-Heuss-Brücke. Zuerst geht es steil bergan am Sonnenhang des Heiligenberges durch eine der teuersten Wohnlagen der Universitätsstadt, doch bald wird die Mühe belohnt: Vom üppig blühenden Philosophengärtchen mit seiner mediterran anmutenden Vegetation hat man den besten Blick über den Neckar auf die Heidelberger Altstadt, den Königstuhl und das Schloss und sogar bis zur Rheinebene.

Auf einer Plattform im Gärtchen steht eine Büste Josef von Eichendorffs, in deren Sockel ein Gedicht des Romantikers eingraviert ist. Am östlichen Ende des Weges befindet sich die Hölderlin-Anlage mit dem Hölderlinstein, der an die Heidelberg-Ode des Dichters erinnert: »Lange lieb ich dich schon ...«

Romantik pur am Philosophenweg

Selbst nüchtern veranlagte Zeitgenossen könnten beim superromantischen Blick vom Philosophenweg über die Neckarbrücke auf Heidelberg wie einst Joseph von Eichendorff ins Schwärmen kommen: »In dieses Märchens Bann verzaubert stehen die Wandrer still – zieh weiter, wer da kann!« Und tatsächlich sitzt und spaziert jeder Besucher am Sonnenhang des Heiligenberges in der ersten Reihe und kann Natur und Stadtpanorama gleichzeitig auf sich wirken lassen. Auf dieser Klima-Insel, die zu den wärmsten Stellen Deutschlands zählt, gedeihen Exoten wie japanische Wollmistel, spanischer Ginster, Zitronen, Granatäpfel oder Bambus. Alles blüht hier um Wochen früher als im Tal.

Einst wandelten hier Gelehrte in Gehröcken und lockerten ihre Gedanken beim Spaziergang. Der Philosophenweg soll schon manchen Dichter und Denker zu neuen Einsichten geführt haben – zu einmaligen Aussichten auf Heidelbergs Dreiklang von Altstadt, Fluss und Bergen auf jeden Fall. Seinen Namen verdankt der Weg aber vermutlich nicht den Persönlichkeiten, sondern den Heidelberger Studenten, die den Weg wohl schon früh als idealen Ort für romantische Spaziergänge und ungestörte Zweisamkeit entdeckten.

Karte Seite 31

Infos

Tourist Information am Hauptbahnhof, Willy-Brandt-Platz 1, 69115 Heidelberg, Tel. 0 62 21/1 94 33, www.cvb-heidelberg.de

Busse, Straßen- und Bergbahn, Schlossführungen, Deutsches Apothekenmuseum, Studentenkarzer und zahlreiche Museen sind mit der **HeidelbergCard** frei zugänglich. Sie gewährt zudem Ermäßigungen bei Stadtführungen, Neckar-Schifffahrten, Theateraufführungen, Schlossfestspielen u. a. mehr. Die HeidelbergCard kostet für 2 Tage 14 €, für 4 Tage 21 € pro Person; als Familienkarte (2 Erw. und 2 Kinder bis 16 Jahre) für 2 Tage 26 €.
▮ **Schiffsausflüge:** An der Stadthalle direkt am Neckarufer starten von Ostern bis Oktober (außer bei Hochwasser) tgl. um 16 Uhr, ab 15 Personen auch stdl. Schiffsrundfahrten sowie zu festen Zeiten Fahrten nach Mannheim, Hirschhorn, Neckarsteinach und zu anderen Zielen. Zu besonderen Anlässen gibt es Feuerwerks- und ähnliche Fahrten. Info: **Rhein-Neckar-Fahrgastschifffahrt GmbH,** Untere Neckarstr. 17, Tel. 0 62 21/201 81, Fax 2 02 11, www.rnf-schifffahrt.de
▮ Vom 1. März bis 31. Oktober werden mehrmals täglich 50-minütige Neckarrundfahrten mit einem lautlos gleitenden, rollstuhlgerechten Solarschiff angeboten, das dank seines Glasdaches auch bei Regen Rundumsicht bietet. Info: **Heidelberger Solarschifffahrtsgesellschaft,** Spechtstr. 16, Neckarbischofsheim, Tel. 0 72 63/40 92 84, www.HDSolarschiff.com

HIP-Hotel, Hauptstr. 115, Tel. 2 08 79, www.hip-hotel.de.

Hat Flair: das Schnookeloch

Im Herzen der Altstadt liegen Marrakesch, Peking, New York, Rom, Havanna oder Wien ganz nah beisammen: Jedes der 15 Themenzimmer ist stilsicher im landestypischen Ambiente mit Original-Accessoires eingerichtet (○○○). Das neue Hotel ist familiär mit dem historischen Restaurant **Zum güldenen Schaf** verbandelt (gleiche Anschrift). Hier kann man nicht nur hervorragend regional und mediterran speisen, der Wirt Dr. Kischka hat ein eigenes Museum integriert und spielt für die Gäste auch schon mal auf historischen Instrumenten seiner Sammlung. Idyllischer Biergarten. www.schaf-heidelberg.de ○○–○○○
▮ **Weißer Bock,** Große Mantelgasse 24, Tel. 9 00 00, www.weißer-bock.de. Gepflegtes Hotel-Restaurant in der Altstadt ruhig nahe des Neckars gelegen. Stilvolles Schlummern und Schlemmen. ○○–○○○
▮ **Hotel Kranich,** Kranichweg 37A, Tel. 75 63 13, www.hotel-kranich-heidelberg.de. Preiswertes, ruhig gelegenes Hotel, ca. 3 km von der Altstadt entfernt. Gute Verkehrsanbindung. ○○

Zum roten Ochsen, Hauptstr. 217, Tel. 2 09 77, www.roterochsen.de. Das historische Studentenlokal ist seit 160 Jahren im

Karte Seite 31

Familienbesitz. Urige Wirtsstuben, hunderte alter Fotos an den Wänden. Kurpfälzer und badische Spezialitäten. Idyllischer Innenhof. ○○

▮ **Gasthaus Hackteufel,** Steingasse 7, Tel. 90 53 80, www.hackteufel.de. Gemütliche Restaurant-Weinstube, wenige Meter von der Alten Brücke entfernt. Hier kocht der Chef persönlich. ○○

▮ **Kulturbrauerei Heidelberg,** Leyergasse 6, Tel. 50 29 80, www.heidel berger-kulturbrauerei.de Hier zischen nicht nur die drei selbst gebrauten Biere in der Ritterhalle und dem großen Biergarten. Da kommt auch deftig Pfälzisch-Badisches auf den Tisch. Zudem beherbergt die Brauerei einen Jazzclub und ein Hotel. ○–○○

▮ **Schnookeloch,** Haspelgasse 8, Tel. 13 80 80, www.schnookeloch.de. Altes Studentenlokal-Ambiente: dunkles Holz, eingekerbte Tische, Biergarten. Deftige Küche. ○–○○

Galerie Grüner Engel, Untere Str. 14, Tel. 33 77 00. Ein Hauch von Verruchtheit: Ein ganzer Laden voll Absinth; Probieren möglich.

▮ **SonderBar** oder **Betreutes Trinken,** Untere Str. 9, Tel 2 52 00. Klein, eng und ziemlich angesagt bei Hardrock- und Cocktailfans, bei 100 Whiskysorten hat man die Qual der Wahl.

▮ **Café Rossi,** Rohrbacher Str. 3, Tel. 9 74 60. Café-Bistro-Restaurant-Bar in einem. Mailänder Flair zu moderaten Preisen, toller Biergarten unter Platanen.

Studentenkuss-Haus, Haspelgasse 16 (Nähe Heiliggeistkirche), Tel. 2 23 45. Ein süßes Aushängeschild weist den Weg zum Laden der Schwestern Knösel. Die berühmten Heidelberger Studentenküsse aus feinster Schokolade werden bereits in vierter Generation hergestellt. Urgroßvater Fridolin kreierte sie, als strenge Gouvernanten noch über die Tugend der jungen Damen wachten. Dass nun so viele Asiatinnen den Laden stürmen, liegt an Popsängerin Cheng, die in Taiwan ein Buch über den Studentenkuss veröffentlichte.

2 Ausflug nach **Schwetzingen

Was für Heidelberg die Renaissance, ist für Schwetzingen (22 400 Einw.) der Barock. Kurfürst Karl Theodor ließ ab 1742 eine ältere Burg als ***Schloss** für lustvolle Sommer- und Jagdaufenthalte umbauen und kostbar ausstatten. Besonders das 1752 von dem genialen Rokoko-Architekten Nicolaus de Pigage gestaltete ****Hoftheater,** heute Heimat der Schwetzinger Festspiele, gehört wegen seiner ungewöhnlichen perspektivischen Effekte zu den Glanzlichtern jener Epoche.

Als eine der schönsten europäischen Parkanlagen gilt der ****Schlossgarten** mit – ebenfalls von Pigage angelegtem – barockem französischen und später entstandenem englischen Teil. Scheinbar wahllos aufgestellte Figuren, Skulpturen, Grotten und Tempel waren Ausdruck der humanistischen Bildung des Fürsten. Nach jahrelanger Renovierung wieder zugänglich ist das Badehaus mit kunstvollen Gemälden und Plastiken. Minerva- und Apollotempel, ein Tempel der Waldbotanik, die künstliche Ruine des Merkurtempels oder eine Moschee in orientalischem Stil machen aus dem Schlossgarten erheblich mehr als einen weitläufigen Park (Schlossgarten April–Sept. 8–20, Okt., März 9–18, Nov.–Febr. 9–17 Uhr, Schlossführungen April–Okt. Di–So 11–16 Uhr, Nov.–März Fr 14 Uhr, Sa, So, Fei 11, 14, 15 Uhr).

Karte Umschlag hinten

Die Orangerie im Schlossgarten von Schwetzingen

Auf dem Schlossplatz sowie in der Fußgängerzone der Mannheimer und Carl-Theodor-Straße laden Restaurants und Straßencafés zur Stärkung. Im Frühsommer wird der berühmte Schwetzinger Spargel angeboten.

Stadtinformation, Dreikönigstr. 3, 68723 Schwetzingen, Tel. 0 62 02/94 58 75, www.schwetzingen.de

Ringhotel und Restaurant Adler Post, Schlossstr. 3, Tel. 2 77 70, www.adler-post.de. Mit viel persönlichem Engagement geführtes Haus, wenige Schritte vom Schlosspark entfernt. Die ehemalige Posthalterei ist seit 1840 in Familienbesitz. Im dazugehörigen Feinschmeckerrestaurant wird badische und mediterrane Küche mit wechselnden Schwerpunkten serviert. ○○–○○○

Villa Benz, Zähringer Str. 51, Tel. 93 60 90, www.villa-benz.de. Kleines, familiäres Komfort-Hotel garni im Fachwerkstil, ebenfalls in Schlossgartennähe. Schöner Garten mit Sonnenterrasse. ○○

Pension Brenner, Kleine Krautgärten 5, Tel. 9 31 70, www.pensionbrenner.de. Die Frühstückspension liegt einige Kilometer vom Stadtzentrum entfernt auf einem Bauernhof. Die Zimmer sind einfach und freundlich eingerichtet. ○

Schlossrestaurant, Im Schlossgarten, Tel. 59 29 71, www.schlossrestaurant.de. Stilvolle Einkehr für Besucher des Schlossgartens. Im Rokoko-Ambiente wird regionale Küche serviert. Die Gartenterrasse lockt zu Kaffee und Kuchen. ○○

Brauhaus zum Ritter, Schlossplatz 1, Tel. 92 49 50, www.brauhaus-zum-ritter.de. Deftige Hausmannskost nach Brauherrenart und Steakspezialitäten, dazu frische Hausbiere. Regelmäßig Jazz-Frühschoppen. ○–○○

Café Journal, Karlsruher Str. 1, Tel. 9 32 70, www.cafejournal.de. Ob auf einen Kaffee oder bei internationaler Küche – Gäste haben die Auswahl unter 50 in- und ausländischen Zeitungen und Magazinen. ○

Blaues Loch, Zeyherstr. 3, Tel. 2 13 60. Mischung aus Kneipe, Cocktail-Lounge und Antiquitäten-Handel in Schlossnähe. Bodenständiges Essen zu fairen Preisen. Ältester Biergarten Schwetzingens. ○

Karte Seite 41

**Darmstadt

Kleine Großstadt mit (Jugend-)Stil

Auf den ersten Blick zeigt sich Darmstadt (138 000 Einw.) als geschäftige, moderne Großstadt mit florierender Wirtschaft, Technischer Universität und Forschungsinstituten. Eine romantische Altstadt darf man hier nach den verheerenden Zerstörungen des Zweiten Weltkriegs nicht erwarten. Doch auf den zweiten Blick überrascht Darmstadt mit viel Charme und Lebensfreude, mit großzügigen Parks und interessanten Museen. Sympathisch sind auch die weitläufigen Fußgängerzonen im Stadtkern, wo überdurchschnittlich viele junge Leute die Straßen und Plätze, die Lokale und Kneipen bevölkern – kein Wunder bei der stolzen Zahl von 30 000 Studenten. Auch locken Marktplatz und andere Plätze in der Innenstadt im Sommer zum Draußensitzen und großzügige Einkaufspaläste und -Passagen – allen voran das Carree – zum Shoppen und Schlemmen. Berühmt ist Darmstadt als Zentrum des deutschen Jugendstils. Die 1899 gegründete Künstlerkolonie Mathildenhöhe begeistert Besucher aus aller Welt.

Geschichte

Erstmals wird Darmstadts heutiger Stadtteil Eberstadt 782 in einer Urkunde des Klosters Lorsch erwähnt. Der Name Darmundestat taucht Ende des 11. Jhs. auf. 1330 erlangen die Grafen von Katzenelnbogen am Mittelrhein die Stadtrechte und beginnen mit dem Bau der Stadtmauer und des Schlosses. 1479 fällt die Stadt an Landgraf Heinrich II. von Hessen und wird 1567 Residenz der Landgrafschaft Hessen-Darmstadt. Nun beginnt eine rege Bautätigkeit.

Das 1715 zum Teil abgebrannte Residenzschloss wird von 1716 bis 1727 im Barockstil neu erbaut. Durch Napoleons Neuordnung Europas wird die Landgrafschaft Darmstadt 1806 zum Großherzogtum; die Residenzstadt wird nach Plänen des Hofbaumeisters Georg Moller ab 1810 klassizistisch umgestaltet.

1899 wird die Russische Kapelle auf der Mathildenhöhe eingeweiht. Kurz darauf gründet Großherzog Ernst Ludwig dort eine Künstlerkolonie, die mit der Ausstellung »Ein Dokument deutscher Kunst« 1901 und weiteren internationalen Ausstellungen Darmstadts Ruf als Zentrum des Jugendstils begründet. Nach der Absetzung des letzten Großherzogs 1918 und einer kurzzeitigen »Freien Sozialistischen Republik« entsteht 1919 das Land Hessen.

Im Zweiten Weltkrieg wurde Darmstadt durch einen Großangriff der Royal Air Force am 11./12. September 1944 in eine Trümmerwüste verwandelt. Daher erinnern heute nur noch wenige Gebäude, wie das Schloss und das Alte Rathaus, an die Geschichte der Stadt. Bald nach dem Krieg beginnt der Wiederaufbau und schon 1951 wird das erste Heinerfest gefeiert, das sich inzwischen mit 700 000 Besuchern zum zweitgrößten Innenstadtfest Deutschlands entwickelt hat (Ende Juni). Der Europarat in Straßburg verleiht Darmstadt 1975 den Europapreis. Seit 1997 darf sich Darmstadt »Wissenschaftsstadt« nennen, aus der Technischen Hochschule wird die Technische Unversität. Ende 2007 soll das neue Kongresszentrum beim Schloss eröffnet werden. Architekt des futuristischen Glas- und Stahlpalastes ist der Wiener Talik Chalabi.

Karte Seite 41

Luisenplatz ❶

Darmstadts Herz schlägt an dem im 18. Jh. angelegten Luisenplatz. In der Mitte erhebt sich unübersehbar das Wahrzeichen der Stadt: der **Lange Ludwig.** Die 33 m hohe Ludwigsssäule wurde 1844 vom Baumeister Georg Moller zu Ehren des ersten hessischen Großherzogs Ludewig I. erbaut, der ein großer Förderer von Kunst und Wissenschaft war und der Stadt die Selbstverwaltung gab.

172 Stufen führen im Inneren der Säule zur Plattform unterhalb des

❶ Luisenplatz
❷ Weißer Turm
❸ St. Ludwigskirche
❹ Stadtkirche
❺ Altes Rathaus
❻ Residenzschloss
❼ Hessisches Landesmuseum
❽ Herrngarten
❾ Prinz-Georgs-Palais
❿ Mathildenhöhe
⓫ Waldspirale

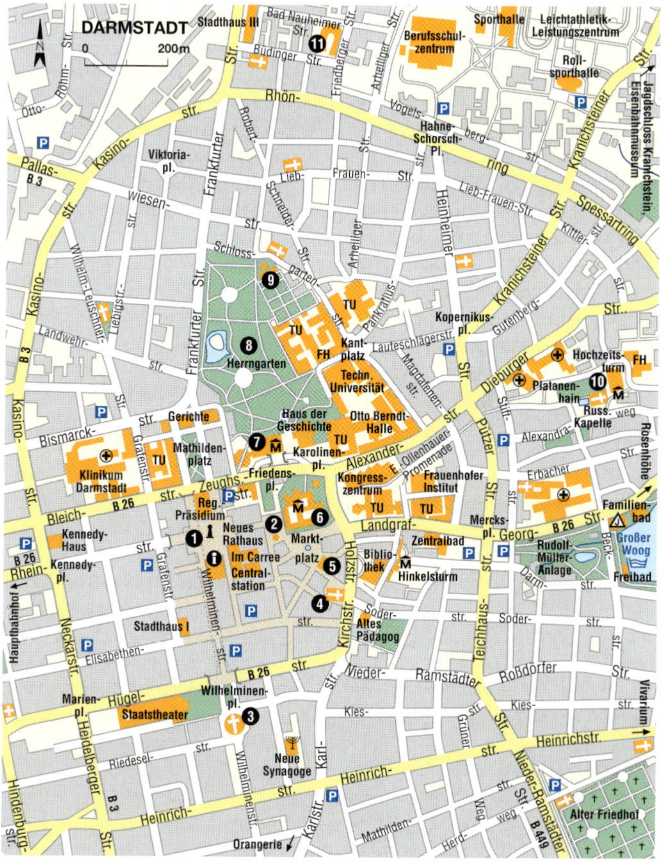

Karte Seite 41

Der Luisenplatz ist das Herz Darmstadts

Denkmals mit der von Ludwig Schwanthaler geschaffenen Bronzestatue des Großherzogs. Sie kann zwischen April und Oktober an jedem ersten Samstag im Monat bestiegen werden.

Nördlich des Platzes liegt das ehemalige Kollegien-Gebäude von 1797, heute Regierungspräsidium, südlich beginnt die ausgedehnte Fußgängerzone. Dort beherbergt das multifunktionale **Luisencenter** Läden und städtische Behörden. Daneben befinden sich das Neue Rathaus und die Einkaufspassagen **Im Carree.** In historischen Maschinenhallen von 1888 wurden hier eine Markthalle mit Gastronomie (Halle A) und die Centralstation als Kulturbetrieb (Halle B) eingerichtet.

Weißer Turm ❷

An einer Ecke der ehemaligen Stadtmauer wurde der Weiße Turm, eines der Wahrzeichen Darmstadts, im 15. Jh. erbaut und im Lauf der Zeit mehrfach verändert. 1954 wurde der runde Turm nach Beschädigung im Zweiten Weltkrieg wieder aufgebaut. Er dient heute als Galerie für Fotoausstellungen (Mi 15–19, Sa 11–16 Uhr).

St. Ludwigskirche ❸

Am Wilhelminenplatz wurde 1827 die kreisrunde klassizistische St. Ludwigskirche nach dem Vorbild des römischen Pantheons erbaut. Im Inneren tragen 28 korinthische, 15 m hohe Säulen eine Kuppel mit 33 m Durchmesser. Der 2005 restaurierte Innenraum erhielt eine wirkungsvolle Farbgebung: Geflammtes Rot an den Wänden symbolisiert das Irdische, das ansteigende Blau der Kuppel, in deren Zentrum sich die einzige Lichtöffnung des Raums befindet, erweckt die Vorstellung des Himmels (Gruppenführungen sind zu buchen über die Wissenschaftsstadt Darmstadt Marketing GmbH, s. S. 47).

Der Obelisk vor der Kirche wurde 1902 der Großherzogin Alice gewidmet, Tochter der englischen Königin Victoria. In Sichtweite liegt der modern-funktionale Bau des 2006 nach umfangreicher Renovierung wiedereröffneten Staatstheaters Darmstadt (www.staatstheater-darmstadt. de).

Stadtkirche ❹

Fast versteckt sich die erstmals 1396 erwähnte Stadtkirche Unserer Lieben Frau hinter den umliegenden Häuserzeilen. An einer Wand des gotischen Chores von 1430 kann ein reich geschmücktes, neun Meter hohes Alabasterepitaph von 1587 bewundert werden; unter dem Chor befindet sich die Fürstengruft der hessischen Landgrafen. Die meisten anderen der ursprünglichen Kunstwerke fielen dem Bombenkrieg zum Opfer.

Karte Seite 41

Altes Rathaus ❺

Auf der Südostseite des **Marktplatzes,** der im 14. Jahrhundert als Handelsplatz angelegt wurde, erhebt sich das Alte Rathaus. Es wurde 1598 im Renaissance-Stil mit markantem Doppelgiebel und Glockentürmchen erbaut. Es dient heute noch als Standesamt, und nebenan bewirtet eine Gaststätte mit Hausbrauerei die Gäste. Der **Marktbrunnen** in der Mitte des Platzes mit spitzem Obelisk wurde 1546 im Stil der Renaissance erbaut und später barock umgestaltet. Der großzügige Platz, auf dem täglich ein Obst- und Gemüsemarkt frische Ware anbietet, ist mit seinen Cafés und Restaurants, die im Sommer ihre Tische ins Freie stellen, ein beschaulicher Ort für eine Pause beim Stadtrundgang oder Einkaufsbummel.

Residenzschloss ❻

Gegenüber dem Alten Rathaus dominiert das Residenzschloss mit seiner barocken Front den Marktplatz. Einst sicherte hier eine Wasserburg die Westflanke der Stadt. Mit seinen ineinander verschachtelten Bauteilen und mehreren Innenhöfen ist das Schloss ein Bautenmix aus sechs Jahrhunderten. Anfang des 18. Jhs. sollte es nach einem Brand als Barockschloss neu erbaut werden, doch konnten wegen finanzieller Schwierigkeiten von Landgraf Ernst Ludwig nur zwei Flügel fertiggestellt werden.

Im damals erhalten gebliebenen Glockenbau im ersten Innenhof gibt das **Schlossmuseum** in 22 Räumen einen Überblick über das höfische Leben vergangener Jahrhunderte sowie die Geschichte der Landgrafschaft und des Großherzogtums (Mo bis Do 10–13, 14–17 Uhr, Sa, So 10 bis 13 Uhr). In den übrigen Räumen des Schlosses sind die Universitäts- und die Landesbibliothek sowie Seminarräume untergebracht.

**Hessisches Landesmuseum ❼

Durch mehrere Innenhöfe und Durchgänge erreicht man die Nordseite des Schlosses, wo sich am Karolinenplatz das **Haus der Geschichte** befindet. Das ehemalige Hoftheater mit 2000 Plätzen wurde 1819 von Georg Moller im klassizistischen Stil erbaut und im Zweiten Weltkrieg zerstört. Seit dem Wiederaufbau (1984) wird es als **Hessisches Staatsarchiv** genutzt.

Direkt daneben liegt das Hessische Landesmuseum mit seinen vielfältigen und hochkarätigen Sammlungen. Das monumentale Gebäude wurde von Alfred Messel 1897–1902 für das Kunst- und Naturalienkabinett des Großherzogs Ludwig I. errichtet. Umfangreiche geologische und paläontologische Bestände präsentieren heute die europaweit größte Sammlung lebensechter Kopfrekonstruktionen urzeitlicher Menschen-Verwandter (»Hominiden«) und zahlreiche Fossilien – beispielsweise das legendäre Urpferdchen aus der Grube Messel (s. S. 60). Griechisch-römische Funde zeigt die Antikensammlung, der Bereich Kunsthandwerk eine umfangreiche Jugendstilsammlung sowie Goldschmiedearbeiten und Kunstkammerstücke des Barock.

Die bedeutende Kunstsammlung umfasst Skulpturen und Gemälde von der Renaissance bis zur Moderne. Auch ist mit dem **Block Beuys** der umfangreichste Werkkomplex des Künstlers Joseph Beuys (s. S. 44) vertreten (Di–Sa 10–17, Mi bis 20, So 11–17 Uhr. Voraussichtliche Schließung wegen

Karte Seite 41

Renovierung und Erweiterung von Oktober 2007 bis Sommer 2011. Info unter Tel. 061 51/16 57 03).

Herrngarten ❽

Der Herrngarten ist der größte und älteste Park der Stadt, dessen Wurzeln bis ins 16. Jh. zurückgehen. 1770 ließ ihn Landgräfin Caroline erweitern und im englischen Stil umgestalten. Die »Große Landgräfin« scharte hier gern den »Kreis der Empfindsamen« um sich, einen illustren Zirkel von Musikern, Dichtern und anderen Schöngeistern, dem Gottfried Herder, Klopstock, Wieland und der junge Goethe angehörten.

Heute erfreut sich der stimmungsvolle Park mit altem Baumbestand, einem Teich, mehreren Denkmälern und dem Herrngarten Café – als eine von Landesmuseum, Haus der Geschichte und Universitätsgebäuden eingerahmte innerstädtische Grünzone – großer Beliebtheit.

In der Rokokoanlage des sich anschließenden Prinz-Georgs-Gartens, der nicht nur als Zier-, sondern auch als Nutzgarten bepflanzt wird, beherbergt das 1710 erbaute **Prinz-Georgs-Palais** ❾ die Großherzoglich-Hessische Porzellansammlung. Zu sehen sind seltene Stücke aus der Hessen-Darmstädtischen Manufaktur Kelsterbach aus dem 18. Jh., aus der Kaiserlich Russischen Porzellanmanufaktur St. Petersburg sowie besonders schöne Erzeugnisse aller bedeutenden europäischen Manufakturen wie Nymphenburg, Meißen oder Wien (Mo–Do 10–13 und 14–17 Uhr, Sa, So/Fei 10 bis 13 Uhr, Fr geschl.).

3 **Mathildenhöhe ❿

Ein in Deutschland einmaliges Jugendstil-Ensemble erwartet die Besucher auf der Mathildenhöhe. Sie liegt zwar außerhalb der Innenstadt, ist aber über die Erich-Ollenhauer-Promenade zu Fuß in nur zehn Minuten erreicht.

Mehr als Filz und Fett

Joseph Beuys (1921–1986), der Mann mit dem Hut, gilt nicht nur als der wichtigste deutsche Fluxus-Künstler, sondern hat mit seinem erweiterten Kunstbegriff und seinen politischen Aktionen die Kunst des 20. Jhs. maßgeblich beeinflusst. Der Bildhauer und Zeichner entwickelte, inspiriert von Rudolf Steiner, seine eigene Materialikonographie. Durch den Ankauf von »Block Beuys« 1989 durch das Land Hessen besitzt das Landesmuseum seinen weltweit größten Werkkomplex mit Plastiken, Installationen und Papierarbeiten aus der Zeit 1949–1972. Natürlich fehlen auch Fett- und Filzobjekte nicht in der Ausstellung, die für den Künstler in seinen späteren Werken eine zentrale Rolle spielen. Dazu hat Beuys selbst folgende Geschichte lanciert: Tatsache ist, dass der junge Bordfunker Beuys 1943 über der Krim abstürzte. Tataren hätten den Schwerverletzten gefunden, gepflegt und bis zur Heilung in Filz und Fett gehüllt. Nur so habe er überleben können. Auf jeden Fall haben ihn diese Materialien, die Wärme und Isolation symbolisieren, nachhaltig fasziniert.

Karte Seite 41

Die Künstlerkolonie Mathildenhöhe – ein Muss für Anhänger des Jugendstils

Dort gründete Großherzog Ernst Ludwig 1899 eine Künstlerkolonie für Maler, Architekten und Bildhauer, die sich in der Zeit des überladenen Historismus dem umwälzend neuen Jugendstil verschrieben hatten. Zu ihnen gehörten Rudolf Bosselt, Ludwig Habich, die berühmten Architekten und Konkurrenten Peter Behrens und Josef Maria Olbrich sowie Albin Müller, Bernhard Hoetger und Friedrich Wilhelm Kleukens.

Als erste Aufgabe schufen die Künstler ihre eigenen stilgerechten Wohnhäuser und Arbeitsstätten, die sie der Öffentlichkeit präsentierten. Der Großherzog wollte damit Wirtschaftsförderung betreiben und Darmstadt als Zentrum neuartiger Produkte bekannt machen. Die erste Ausstellung »Ein Dokument deutscher Kunst« 1901 brachte der Stadt tatsächlich große Anerkennung, wirtschaftlich erfolgreich wurde das Projekt aber erst in den Jahren darauf. Mit dem Beginn des Ersten Weltkriegs ging die Darmstädter Jugendstilepoche zu Ende.

Weit über die Umgebung hinaus ragt der 1908 erbaute, 48,5 m hohe **Hochzeitsturm,** ein Geschenk der Stadt zur Vermählung von Großherzog Ernst Ludwig mit Eleonore von Solms-Hohensolms-Lich. Mehrere Stufen führen zum goldschimmernden Mosaikportal. In der Eingangshalle leuchten die Mosaikbilder »Der Kuss« und »Die Treue« des Jugendstil-Künstlers Friedrich Wilhelm Kleukens. Seine »fünffingrige Krone« bescherte dem Bauwerk den Spitznamen »Fünffinger-Turm« (März–Okt. Di–So 10–18 Uhr, Personenaufzug).

An den Hochzeitsturm schließt sich die Ausstellungshalle an, in der sich ein Café befindet. Doch viel auffallender ist daneben die **Russische Kapelle** mit ihren vergoldeten Turmkuppeln. Sie wurde 1897–1899 im russischen Kirchenstil des 16. Jhs. für die Besuche des letzten Zarenpaares erbaut. Zar Nikolaus II. hatte 1894 Prinzessin Alix von Hessen und bei Rhein, eine Schwester des Großherzogs, geheiratet. Die der Heiligen Maria Magdalena geweihte Kapelle ist im Inneren mit farbig bemalten Kacheln geschmückt (Di–So 10–18 Uhr). Die Brunnenanlage vor der Kapelle, das **Lilienbecken** von Albin Müller, wurde

Karte Seite 41

im Jahr 1914 zur letzten Ausstellung der Künstlerkolonie angelegt. Zu den erhaltenen Jugendstil-Wohnhäusern zählen das Glückert-Haus mit seinem Omega-Portal (Sitz der Deutschen Akademie für Sprache und Dichtung), das Haus Behrens mit grünem Kachelschmuck und Haus Deiters, in dem das Deutsche Polen-Institut residiert. Ein »Schwanentempel« und der 1833 angelegte Platanenhain, für die Ausstellung 1914 mit Skulpturen und Plastiken von Bernhard Hoetger versehen, sind weitere Sehenswürdigkeiten.

Im ehemaligen Ateliergebäude der Künstlerkolonie hinter der Russischen Kapelle gibt das ****Museum Künstlerkolonie Darmstadt** einen Überblick über die dortigen Arbeiten von der Jahrhundertwende bis zum Ausbruch des Ersten Weltkriegs. Im Vordergrund stehen bis ins Feinste ausgearbeite te Gegenstände des täglichen Gebrauchs in eigenwillig-stilvoller Gestaltung. Die Künstler der Mathildenhöhe wollten in allen ihren Werken Kunst und praktischen Nutzen in Einklang bringen. Ob Kaffeetassen oder Möbel, Türgriffe oder Lichtinstallationen – alles sollte sowohl funktional als auch stilrein sein (Di–So 10–17 Uhr, Führungen am ersten So im Monat um 13 Uhr; www.mathildenhoehe.info).

Der **Museumsshop** im Oktogon neben dem Museum Künstlerkolonie offeriert hochwertige Artikel rund um den Jugendstil. Renner sind z. B. Repliken von Kerzenleuchtern, Küchentücher nach Entwürfen von Olbrich und der Hochzeitsturm als Kerze oder als Modellbaubogen.

Ein kurzer Spaziergang führt zum **Löwentor** von Bernhard Hoetger und Albin Müller, heute Eingang zur **Rosenhöhe** mit der neuen Künstlerkolonie, die 1927 von der Mathildenhöhe

Die Wohnanlage Waldspirale ist ein typisches Beispiel für die Architektur von Friedensreich Hundertwasser

hierher verlegt wurde. Im 1810 angelegten Park finden sich zwei Mausoleen und Grabstätten der großherzoglichen Familie. Am höchsten Punkt des Parks wurde die Pracht des historischen **Rosariums** restauriert.

*Waldspirale ⑪

Bäume wachsen auf dem wie ein Waldweg ansteigenden Dach, wachsen aus Fenstern und auf Balkonen: Nach Plänen von Friedensreich Hundertwasser entstand 1998 die Waldspirale im Bürgerparkviertel, die waagerechte und senkrechte Linien vermeidet, sich farben- und formenfroh aus ihrer Umgebung heraushebt und mit den für Hundertwasser typischen Kuppeltürmchen in Anlehnung an die Russische Kapelle zusätzliche Blickfänge schafft. Die Waldspirale bietet Platz für über 100 individuell gestaltete Wohnungen, Büros, einen Souvenirshop sowie ein Café und ein Restaurant mit Bar im Turmbereich. Die Wohnungen sind zwar nicht öf-

Karte Umschlag hinten

fentlich zugänglich, die Anlage ist jedoch auch von der Straße unbedingt sehenswert.

Die Waldspirale befindet sich nördlich des Rhönrings an der Bad Nauheimer Straße. Erreichbar mit den Straßenbahnlinien 6, 7 und 8, Haltestelle Rhönring. Die Wissenschaftsstadt Darmstadt Marketing GmbH (s. u.) bietet öffentliche und individuelle Führungen an.

Abstecher nach Kranichstein

Im Stadtteil Kranichstein nordöstlich der Innenstadt sind im **Eisenbahnmuseum** am Bahnhof rund 45 Dampflokomotiven und 150 historische Wagen zu besichtigen, dazu diverse Sammlungen aus dem Bereich des Eisenbahnwesens und die einzige Dampfstraßenbahn Deutschlands. Zu bestimmten Terminen werden Dampftage und Dampfzugfahrten veranstaltet (So 10–16 Uhr, April–Sept. auch Mi 10 bis 16 Uhr, Info-Tel. 0 61 51/37 76 00, www.museumsbahn.de).

Etwas außerhalb liegt idyllisch das von Wäldern umgebene **Jagdschloss Kranichstein** mit Skulpturenpark und Jagdmuseum, in dem Geweihe, Jagdwaffen und Gemälde gezeigt werden (April–Okt. Mi–So 13–18 Uhr, Sa/So ab 10 Uhr, Nov.–März Mi–Sa 14–17, So 10–17 Uhr; Tel. 0 61 51/ 71 86 13).

Die dreiflügelige Renaissance-Anlage wurde 1578–1580 erbaut und diente vor allem im 18. Jh. als Ausgangspunkt für große Parforcejagden. In der barocken Schlosskapelle können sich Paare das Ja-Wort geben. Im Sommer wird ein breites Veranstaltungsprogramm geboten, beispielsweise Kinderführungen mit dem Schlossgespenst. Der Wald lädt zu Spaziergängen und Wanderungen ein, etwa zur Grube Messel (s. S. 60).

Jagdschloss Kranichstein

Das **Schlosshotel** bietet gepflegte Unterkunft in fürstlichem Rahmen (Kranichsteiner Str. 261, Tel. 0 61 51/9 77 90; ○○○) und spannende Themenmenüs, z. B. viergängige Dinnerkrimis »Bei Verlobung: Mord« oder »Mord an Bord«, bei denen die Gäste den Täter ermitteln müssen. In der Jagschloss-Schänke werden regionale Spezialitäten, Fisch und Wild aufgetischt. Sonntag 11–14 Uhr Brunchbuffet. ○○–○○○

Infos

Wissenschaftsstadt Darmstadt Marketing GmbH, Im Carree 4 A, Tel. 0 61 51/95 15 00, Fax 95 15 050, www.darmstadt-marketing.de

▪ **Stadtführungen:** Außer ein- bis zweistündigen Stadtführungen, Mathildenhöhe-Rundgängen und Museumsführungen werden von der Darmstadt-Marketing-Gesellschaft auch zahlreiche Themenführungen angeboten – von Hundertwasser bis zu Literatur-Rundgängen und Architekturführungen.

Karte Seite 41

Die **DarmstadtCard** beinhaltet beliebig viele Fahrten auf allen Bus- und Straßenbahnlinien innerhalb der Stadt sowie Ermäßigungen für Museen, Sehenswürdigkeiten und Stadtführungen (Tageskarte 5 €, Wochenendkarte 8 €).

Hotel an der Mathildenhöhe, Spessartring 53, Tel. 4 98 40, www.hotel-mathildenhoehe.de. Sehr persönlich geführtes Stadthotel beim Jugendstil-Wohngebiet Mathildenhöhe, unweit vom Stadtzentrum (15 Min. zu Fuß oder mit dem F-Bus). ○○–○○○

▮ **Best Western Parkhaus-Hotel Darmstadt,** Grafenstr. 31, Tel. 2 81 00, www.bestwestern. de. Angenehm ruhiges, zweckmäßig-komfortables Haus; das größte Plus ist die zentrale Lage in der City. ○○

▮ **Hotel Bessunger Forst,** Darmstädter Str. 90, Roßdorf, Tel. 0 61 54/ 60 80, www.hotel-bessunger-forst.de. Das moderne, ansprechend gestaltete Hotel befindet sich vor den Toren der Stadt am Waldrand (eigene Bushaltestelle). Traditionsreich ist der angeschlossene Landgasthof Spitzenwirt (u. a. Wildgerichte). ○○

Hotel Restaurant Bockshaut, Kirchstr. 7–9, Tel. 9 96 70, www.bockshaut.de. Historisches Restaurant mit 200-jähriger Tradition, ruhig am Rand der Fußgängerzone gelegen. Stimmungsvolle Gasträume, urige Äppelwoistub und Weinlaube im Innenhof. Küche mit »Hessischen Originalen« und saisonalen Spezialitäten. ○○ (Hotel ○○○)

▮ **Darmstädter Ratskeller Hausbrauerei,** Marktplatz 8, Tel. 2 64 44. Eigene Biere, hessisch-bayrische Schmankerl, Grillrestaurant und Gewölbekeller, Biergarten mit Blick aufs Schloss. ○–○○

▮ **Centralstation,** Im Carree 4, Tel. 3 66 88 99, www.centralstation-darmstadt.de. Aus einer ehemaligen Maschinenhalle im Zentrum ist ein Ort für gehobene Gastronomie und Kultur geworden. Internationale Küche, Vinoteca und Tapas-Bar. Rock-, Pop- und Jazz-Events. ○–○○

▮ **Café Restaurant Alacarte,** Sabaisplatz 1, Tel. 42 21 09, www.alacarte-mathildenhoehe.de. Im Ausstellungsgebäude der Mathildenhöhe kommt regionale und mediterrane Küche auf den Tisch – umgeben von den Perlen des deutschen Jugendstils (Di–So 10 bis 18 Uhr). ○–○○

▮ **Brasserie Fürstenbahnhof,** Am Fürstenbahnhof 3–4, Tel. 66 72 70, www.fuerstenbahnhof.de. Im ehemaligen Schreibzimmer des Großherzogs sind kunstvolle Kacheln von Julius Scharvogel, dem Gründer der Großherzoglichen Keramik-Manufaktur, sowie ein Jugendstil-Wandbrunnen erhalten. Unter Denkmalschutz steht auch der ehemalige Wartesaal des sog. Kaiserbahnhofs, der der An- und Abreise gekrönter Häupter vorbehalten war. Lounge und Restaurant – bieten eine abwechslungsreiche internationale Speisekarte. ○○

Goldschmiede Horst Seifarth, Wilhelminenstr. 15, Tel. 2 13 14, www.horstseifarth.de. Inzwischen führt Sohn Uwe die Goldschmiede mit ihrem Schmuckangebot ausschließlich aus eigener Kreation, darunter auch Münzen mit Darmstadt-Motiven in Gold und Silber.

▮ **Heitmann Tee-Confiserie,** Wilhelminenstr. 5 a, Tel. 2 55 08. Seit 1949 verkauft dieses Traditionslädchen am Luisenplatz in duftendem Ambiente erlesene Tees (150 Sorten), Tafelschokoladen (200 Sorten) und handgemachte Pralinen, als Mitbringsel auch dekorativ verpackt.

Tour 1

1 Karte Seite 51

Blütenmeer und Weinkultur an der Bergstraße

Heidelberg → Schriesheim → Ladenburg → *Weinheim → *Heppenheim → *Lorsch → Bensheim → Schloss Auerbach → Zwingenberg → Burg Frankenstein → Darmstadt (85 km)

Wenn in vielen Regionen Deutschlands noch kaum ein Gräschen den nahenden Frühling ankündigt, dann blühen an der Bergstraße bereits Apfel-, Kirsch- und Mandelbäume und verwandeln die Hänge in ein rosa-weißes Blütenmeer. Im Herbst dominieren die Rot- und Brauntöne des Weinlaubs. Im milden Klima der »Strata Montana«, der Bergstraße, fühlten sich bereits die Römer pudelwohl. Und da sie auch im fernen Germanien ihren Wein nicht missen wollten, brachten sie die Reben gleich mit. Zwischen der Rheinebene und den bewaldeten Kuppen des Odenwaldes schlängelt sich die Bergstraße zu romantischen Weindörfern und verwinkelten Fachwerkstädtchen, in denen viel und gerne gefeiert wird. Diese Bummeltour ist zwar nur 85 km kurz, weil es jedoch – auch ohne Heidelberg und Darmstadt – viel zu sehen und guten Wein zu probieren gibt, empfiehlt es sich, dafür zwei Tage einzuplanen.

Ausgangspunkt dieser Tour ist Heidelberg (s. S. 29 ff.), das aber nicht im Rahmen der Zwei-Tages-Tour zu besichtigen ist.

Die Strahlenburg schützte einst das Städtchen Schriesheim

Schriesheim ❶

Dass der Wein in Schriesheim (14 500 Einw.) seit jeher eine wichtige Rolle gespielt hat, merkt man dem schmucken Städtchen noch immer an. Viele der Fachwerkhäuser an den Straßen und Gässchen waren einst Weingüter. Der Pranger am alten Rathaus erzählt von der Zeit, als man kleinere Übeltäter öffentlichem Spott aussetzte. Am Hang über der Stadt erhebt sich die Ruine der mittelalterlichen **Strahlenburg,** von deren Turm sich ein weiter Blick in die Rheinebene öffnet.

Etwas außerhalb der Stadt liegt das **Besucherbergwerk Anna-Elisabeth,** eine von privaten Initiatoren wieder zugänglich gemachte ehemalige Silbermine (Ende März bis Ende Okt. So/Fei). Früher als andernorts wird in Schriesheim gefeiert: An den ersten beiden Wochenenden im März findet der 400-jährige Mathaisemarkt als erstes Frühlings- und Weinfest der Region statt.

i **Stadtverwaltung,** Friedrichstr. 28–30, 69198 Schriesheim, Tel. 0 62 03/60 21 14, www.schriesheim.de

1
Karte
Seite
51

Markante Fachwerkhäuser am Marktplatz von Ladenburg

Burggasthof zur Strahlenburg, Tel. 6 12 32, www.strahlenburg-schriesheim.de. Beliebtes Ausflugsziel mit Terrassenwirtschaft unter alten Bäumen hoch über den Weinbergen und der Stadt. OO

Ladenburg ❷

Von Schriesheim lohnt der Abstecher ins am Neckar gelegene Ladenburg. Schon im Jahr 98 n. Chr. verlieh der römische Kaiser Trajan der Siedlung Lopodunum am Neckar die Stadtrechte. Ladenburg (11 500 Einw.) ist also über 1900 Jahre alt, und das **Lobdengau-Museum** im ehemaligen Schloss der Wormser Bischöfe (Mi 14–17, Sa, So 11–17 Uhr) zeigt zahlreiche Funde aus der Römerzeit, die bis 260 n. Chr. dauerte. Vor dem Bischofshof sind die Fundamente römischer Bauwerke zu erkennen. Sehenswert ist aber vor allem die mittelalterliche Stadt, noch weitgehend umschlossen von einer Stadtmauer mit mehreren Türmen und Toren, darunter dem runden Hexenturm und dem mächtigen Martinstor. Am **Marktplatz** mit seinem Marienbrunnen erhebt sich die doppeltürmige gotische St. Gallus-Kirche, unter der sich eine Krypta aus dem 11. Jh. und Reste einer römischen Marktbasilika befinden; dahinter die schlanke evangelische Stadtkirche.

An den Autoerfinder Dr. Carl Benz, der von 1904 bis zu seinem Tod 1929 in der Stadt lebte, erinnert das nach ihm benannte Museum, das die Geschichte vom ersten Benz Patent-Motorwagen bis zum Mercedes Benz Formel-1-Rennwagen zeigt (Ilvesheimer Str. 26, Tel. 18 17 86, Mi 14–18 Uhr).

Stadtinformation, Dr.-Carl-Benz-Platz 1, 68526 Ladenburg, Tel. 0 62 03/92 26 03, www.ladenburg.de

Weinstube Restaurant Zur Sackpfeife, Kirchenstr. 45, Tel. 31 45, www.zursackpfeife.de. Schönes Fachwerkhaus mit denkmalgeschütztem Innenhof, Produkte von ausgesuchten regionalen Anbietern, z. B. Forellen aus den Teichen des Klosters Neuburg. OO

*Weinheim ❸

Auf kleinem Raum schmiegt sich der historische Teil der 1500 Jahre alten

1
Karte
Seite
51

Stadt Weinheim an der Bergstraße (42 000 Einw.) zwischen das obere Stadttor und das Gerberbachviertel. An der höchsten Stelle dominiert das verwinkelte ehemalige **kurpfälzische Schloss,** heute Rathaus, die Altstadt. Ältester Bauteil ist das Obertor aus dem 14. Jh., durch das viele Besucher von den Parkplätzen her die Stadt betreten. Das Schloss, in dem zeitweilig die kurfürstliche Familie wohnte, wurde 1537 in stilreiner Renaissance erbaut. Der vom Schlosspark her unübersehbare neugotische Turm entstand 1868.

Über dem **Marktplatz** im Zentrum der Kernstadt thront die neoklassizistische St. Laurentiuskirche mit drei Rundbögen. Das Innere der Kirche schmücken Grabdenkmäler aus mehreren Jahrhunderten. Auf dem zum Tal abfallenden Platz – im Sommer ein einziges großes Freiluftrestaurant – drängen sich unter Schatten spendenden Bäumen täglich viele Hundert Besucher an den Tischen der Gaststätten und Cafés. Das **Alte Rathaus** an der tiefsten Stelle des Marktplatzes, um 1557 im Renaissance-Stil erbaut, zeichnet sich durch einen turmgekrönten Staffelgiebel und einen schmucken Holzbalkon aus. Den Marktbrunnen davor ziert eine Statue der Justitia. Von Blättern fast verdeckt wird die prächtige Fachwerkfassade der Löwenapotheke.

Treppen und steile Gässchen führen hinunter ins malerisch-verschachtelte **Gerberbachviertel** mit einem Gewirr an Fachwerk- und Steinhäusern, viele davon ehemalige Werkstätten der Gerber. Ein steinerner Torbogen und eine prächtige Fachwerkfassade schmücken das 1559 erbaute Kerwehaus in der Münzgasse 13, Mittelpunkt der alljährlichen Weinheimer Kerwe (Kirchweih) im August, einem beliebten Volksfest.

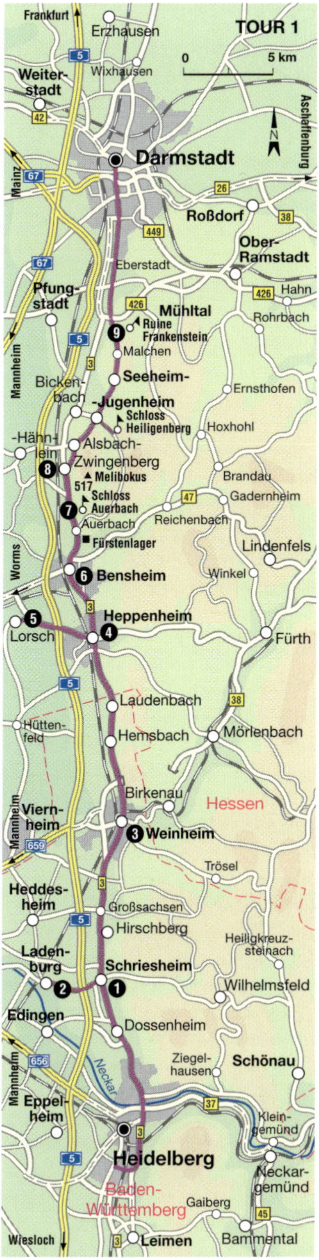

1
Karte Seite 51

Zum Entspannen lädt der im Stil eines englischen Gartens angelegte, sehr gepflegte **Schlosspark** mit altem Baumbestand, Rhododendronbüschen, Esskastanien, Stechpalmen und vielen anderen seltenen Gehölzen, Teichen und weitläufigen Rasenflächen ein. Der Park geht in den **Exotenwald** über, in dem seit dem 19. Jh. zahlreiche fremdländische Baumarten angepflanzt wurden.

Zwei mächtige Gemäuer erheben sich über der Stadt, weshalb sich Weinheim auch Zweiburgenstadt nennt. Von der im 12. Jh. erbauten und im 17. Jh. zerstörten **Burg Windeck,** ursprünglich zum Schutz von Kloster Lorsch errichtet, blieben allerdings nur Ruinen erhalten, darunter der weithin sichtbare runde Bergfried. Die **Wachenburg** auf einer benachbarten Bergkuppe wurde 1907–1928 von einer studentischen Verbindung als Begegnungsstätte erbaut.

Von der Wachenburg bietet sich der beste Blick auf Weinheim und die Rheinebene. Auch locken Biergarten und urige **Burgschenke** (Mo, Di Ruhetage) zum Verweilen. Ein Rittermahl (für Gruppen) wird mit einem Glas Met eingeleitet und endet mit einem Nonnenförzlein als Dessert, dazu werden mittelalterliche Spektakel geboten (Tel. 0 62 01/1 21 73, www.wachenburg.de, ○○).

Ausgiebig relaxen kann man in der weitläufigen Bade- und Freizeitlandschaft **Miramar** am Stadtrand Richtung Rheinebene. Mehrere Becken mit Wassertemperaturen bis 34 °C, Whirlpools, Rutschen, Sprudelbecken und vielerlei weitere Attraktionen garantieren Badespaß. Zur ausgedehnten Saunalandschaft gehören nicht nur unterschiedliche Saunen und Dampfbäder, sondern auch ein großes Freigelände und ein Badesee für textilfreies Schwimmen (Miramar Kur- und Freizeitbad, Waidallee 100, Tel. 0 62 01/6 00 00, www.miramarbad.de, tgl. 9.30–22 Uhr, Sa und So bis 24 Uhr).

Stadt- und Tourismusmarketing, Hauptstr. 47, 69469 Weinheim, Tel. 0 62 01/87 44 50, www.weinheim-marketing.de

Hotel-Winzerstube Goldener Pflug, Obertorstr. 5, Tel. 9 02 80, www.hotel-goldener-pflug.de. Gemütliches Familienhotel in 400 Jahre altem Fachwerkhaus, ruhige Lage nahe beim historischen Marktplatz. ○○

▪ **Cross-Country-Hotel Waldschloss,** Gorxheimer Talstr. 23, Tel. 10 72 00, www.cc-hotels.de/weinheim. Ruhig gelegenes Haus am Ortsausgang direkt am Wald beim Freibad, Ausgangspunkt für schöne Wanderungen durch den Exotenwald und zu den Burgen. ○○

Gasthaus Diebsloch, Marktplatz 11, Tel. 6 73 46, www.diebsloch.de. Direkt am Marktplatz, Weinheims guter Stube, serviert Carmen Hau Pfälzer und badische Spezialitäten wie Saumagen, Schäufele (süddeutscher Name für die flache Schweineschulter), Spanferkel oder hausgemachte Tafelspitzsülze. ○–○○

▪ **Woinemer Hausbrauerei,** Friedrichstr. 23, Tel. 12 00 01, www.woinemer-hausbrauerei.de. Das frisch gebraute Bier wird in rustikalen Gasträumen, im Braukeller und im Biergarten serviert. Deftige Vesper und herzhaft-bodenständige Küche, z. B. Bierbraten, Braumeisterteller, Schweinshaxe. Kleines Brauereimuseum. ○–○○

1 Karte Seite 51

Der mächtige, zu Beginn des 20. Jhs. errichtete Dom St. Peter in Heppenheim

*Heppenheim ❹

In Heppenheim (27 000 Einw.) übertrumpft ein Fachwerkhaus das andere, reihen sich romantische Winkel gleich im Dutzend aneinander. Sieben Gassen münden am zentralen **Marktplatz** ein. Auf der einen Seite beherrscht das ursprünglich 1551 erbaute, nach der Zerstörung im Pfälzischen Erbfolgekrieg im 18. Jh. wieder aufgebaute Rathaus mit prachtvollem Barock-Fachwerk den Platz, auf der anderen Seite die ebenfalls Fachwerk-geschmückte Justus-Liebig-Apotheke. Hier hat der Chemiker Justus von Liebig 1818–1819 seine Lehrzeit absolviert. Die Mitte des Platzes nimmt der achteckige Marktbrunnen von 1750 ein. Auch in der Umgebung entzücken viele sehenswerte Fachwerkhäuser meist aus dem 17. und 18. Jh.

Im **Kurmainzischen Amtshof,** dessen wuchtiger Hauptbau um 1400 entstand, wurde 1948 unter Mitwirkung des späteren ersten deutschen Bundespräsidenten Theodor Heuss die FDP gegründet. Eine Bronzetafel erinnert daran. Heute präsentiert dort das Museum für Stadtgeschichte und Volkskunde die Entwicklung Heppenheims seit der ersten Erwähnung 755 im Lorscher Kodex bis zur Gegenwart (Mi, Do, Sa 14–17, So/Fei 14–18 Uhr). Besonders schön ist das Engelsfresko aus dem 14. Jh. im Kurfürstensaal.

Vom Marktplatz aus sind die beiden Türme der Pfarrkirche St. Peter zu erkennen, die sich aus der Nähe als mächtiges, kuppelgekröntes Bauwerk entpuppt. Der **Dom der Bergstraße** wurde an der Stelle einer Vorgängerkirche zwischen 1900 und 1904 vom Mainzer Dombaumeister Ludwig Becker in früh- und hochgotischen Formen, an einem Turm auch mit romanischen Anklängen als beeindruckendes Werk des damals weit verbreiteten Historismus erbaut. Der Muttergottesaltar im linken Seitenchor stammt aus spätgotischer Zeit. Wie monumental die Kirche ist, lässt sich von außen nicht erkennen, da Häuser und Bäume den Blick verdecken.

Direkt neben dem Dom befindet sich das bemerkenswerte private **Feuerwehrmuseum** mit Utensilien aus vielen Ländern und einer umfangreichen Sammlung von Feuerwehr-

1 Karte Seite 51

Den reizvollen Marktplatz in Heppenheim beherrscht das prächtige Rathaus

helmen, darunter ein prachtvolles Exemplar aus dem Vatikan (Besichtigung nach Vereinbarung, Tel. 0 62 52/13 11 71).

Über 150 scherenschnittartig bemalte Straßenlaternen bilden den **Heppenheimer Laternenweg,** der am Marktplatz beginnt. Die Motive erzählen von der Sagenwelt Hessens, von Riesinnen und Zwergen, umhergeisternden Rittern, Werwölfen und sagenumwobenen Schätzen. In den Sommermonaten werden an vielen Samstagen nach Einbruch der Dunkelheit Laternenführungen angeboten.

150 m über der Stadt grüßt die **Starkenburg** von 1065 als Wahrzeichen von Heppenheim. Ursprünglich zum Schutz des Klosters Lorsch errichtet, war sie nach dessen Auflösung von 1461–1623 Namensgeberin für das Oberamt Starkenburg und ist es heute noch für die Region, die mehrere südhessische Landkreise umfasst. Von der Heppenheimer Altstadt führt ein **Planetenweg** mit Info-Tafeln zu den Planeten und Kometen durch die Weinberge bis zur Sonne am Eingangstor der Starkenburg-Sternwarte zur Burg. Er bietet auch prächtige Blicke auf Heppenheim und den Oberrheingraben bis nach Mannheim und das Pfälzer Bergland.

Tourist-Information, Großer Markt 9, 64646 Heppenheim, Tel. 0 62 52/13 11 71, www.heppenheim.de

▪ Von Anfang April bis Ende September werden regelmäßig Führungen durch die Stadt (ab Marktplatz) und zur Starkenburg (ab unterem Burghof) angeboten.

Hotel Villa Boddin, Großer Markt 3, Tel. 6 89 70, www.villa-boddin.de. Geschmackvolles Haus am historischen Marktplatz, mit viel Liebe zum Detail im mediterranen Stil eingerichtet. Die Zimmer sind verwinkelt, teilweise mit Originalfachwerk und ursprünglicher Sandsteinfassade, Marmorbäder. OOO

▪ **Mercure Hotel Heppenheim,** Siegfriedstr. 1, Tel. 12 90, www.mercure.com. Komfortables Drei-sterne-Hotel, günstig am Rand der historischen Altstadt gelegen. Gemütliche Zimmer, teils mit sichtbarem Fachwerk. Ein behindertengerechtes Zimmer. OO–OOO

Empanada Tapas Bar y Restaurante, Großer Markt 6, Tel. 68 94 71, www.empanada.heppenheim.de. Für mittags ideal: eine Auswahl von 30 leckeren spanischen Tapas sowie Pasta-Gerichten. Im ersten Stock speist man mit Blick auf das historische Rathaus.OO

▪ **Restaurant Winzerkeller,** Amtsgasse 5, Tel. 52 28, www.winzerkeller.de. Weinlokal im mächtigen alten Kurmainzer Amtshaus. Regionale Küche und Bergsträßer Weine. Weinproben nach Vereinbarung. OO

1 Karte Seite 51

4 *Lorsch ❺

Mehrere Jahrhunderte lang spielte das 767 unter Karl dem Großen gegründete Königskloster Lorsch in geistig-kultureller und politischer Hinsicht eine überragende Rolle. Hier wurde der Lorscher Codex geführt, der die Geschichte der gesamten Region vom 8. bis zum 13. Jh. festhielt. Und hier entstand wahrscheinlich auch das berühmteste mittelhochdeutsche Heldenepos, das Nibelungenlied.

Als ältestes, vollständig erhaltenes Baudenkmal Deutschlands aus nachrömischer Zeit wurde die ***Königshalle** in die UNESCO-Liste des Weltkulturerbes aufgenommen. Das fast zierlich wirkende Gebäude mit drei Rundbogen auf Rechteckpfeilern, Halbsäulen mit ionischen Kapitellen, Ornamenten und auffallendem Mosaik aus roten und weißen Steinen wurde offenbar der klassischen römischen Architektur nachempfunden. Möglicherweise diente die Halle dem König als Festsaal. Heute bildet sie das Tor zu dem im Außenbereich frei zugänglichen Benediktinerkloster, das bis 1556 existierte. Erhalten blieb nur ein kleiner Teil der Klosterkirche. Außenmauern und Fundamente geben einen Eindruck von der einstigen Ausdehnung des Klosters. Ausmaße und Bedeutung des Königsklosters werden im nahen Museumszentrum dokumentiert. Dort befinden sich außerdem das Tabakmuseum und das Museum für Volkskunde (Di–So 10 bis 17 Uhr).

Wer einige Schritte zur Stadtmitte von Lorsch (12 800 Einw.) geht, mag sich vor dem **Alten Rathaus** verwundert die Augen reiben. Hat man das nicht gerade in Heppenheim bewundert? Tatsächlich wurde das 1715 entstandene Gebäude genau dem dortigen Rathaus nachempfunden; allerdings ist die Fassade etwas schmaler. Den Brunnen vor dem Rathaus schmückt die Bronzefigur einer Tabaknäherin, wurde in der Region doch früher großflächig Tabak angebaut. Rund um den Marktplatz laden bei gutem Wetter mehrere Straßenwirtschaften zur Verzehrpause ein.

Stilvolles Kapitell der Königshalle

Tourist-Information, Marktplatz 1, 64653 Lorsch, Tel. 0 62 51/1 75 26 21, www.lorsch.de

Wirtshaus im Weißen Kreuz, Marktplatz 2, Tel. 58 66 54. Einheimische Küche, Sommerterrasse. Die Einrichtung nimmt Motive aus der Geschichte des Klosters auf. Mo geschl. ○–○○

Bensheim ❻

Auch Bensheim (40 000 Einw.) ist eine dieser typischen Bergstraßen-Städte, deren historischer Kern sich mit vielen Fachwerkhäusern schmückt – und mit Blumen, die nicht nur an den Fenstern, sondern auch auf den kleinen Brücken über den Winkelbach, an Brunnen und in Anlagen erfreuen. Den Marktbrunnen ziert die Figur des Drachentöters

1 Karte Seite 51

St. Georg, Kirchen- und Stadtpatron von Bensheim. An der Südseite des Winkelbachs blieben von der einstigen Stadtmauer Teile des Rinnentorturms erhalten.

Ein mineralhaltiger, angeblich Wunder wirkender Gesundbrunnen in einem ruhigen Seitental bei **Bensheim-Auerbach** war der Grund, weshalb mehrere Landgrafen von Hessen-Darmstadt im 18. Jh. hier häufig zur Kur weilten und sich ihre Sommerresidenz, das **Fürstenlager,** erbauen ließen. Durch eine Lindenallee, vorbei an Weihern, erreicht man das dorfartig, in schlichtem Barock angelegte Gebäudeensemble mit Kavalierbau, Damenbau und dem herausragenden Herrenbau, heute ein Hotel. Der 36 ha große Landschaftspark bietet mit seinen geschwungenen Wegen durch Wiesen und Wald entlang der Hänge immer neue Ausblicke. Lediglich einige Pavillons und die kreisrunde Fassung des Gesundbrunnens verraten, dass hier ein Gestaltungswille am Werk war. Das Fürstenlager ist heute frei zugänglicher Staatspark.

Tourist-Information, Hauptstr. 39, 64625 Bensheim, Tel. 0 62 51/5 82 63 14, www.bensheim.de

Parkhotel Herrenhaus, Im Staatspark Fürstenlager, 64625 Bensheim-Auerbach, Tel. 7 22 74, www.parkhotel-herrenhaus.de. Fürstlich wohnen in stilvoll, teils mit Antiquitäten eingerichteten Biedermeierzimmern. Restaurant mit eigenen Rezepten, auch historische Gerichte, Weinproben und Dinner-Krimis. Hotel ❍❍❍, Restaurant ❍❍–❍❍❍

Kirchberghaus, Außerhalb 2, Tel. 0 62 51/32 67. Das Mitte des 19. Jhs. als Lusthaus oberhalb von Bensheim errichtete Kirchberghäuschen ist heute beliebtes Ausflugsziel (etwa 20 Min. Spazierweg durch die Weinberge). Im Sommer ist die Aussichtsterrasse oft voll besetzt (Mo Ruhetag, ansonsten geöffnet, wenn die Fahne über dem Dach weht). ❍

Schloss Auerbach ❼

Auf einem 339 m hohen Felsvorsprung inmitten von Wäldern ragen die Mauern und Doppeltürme des Auerbacher Schlosses über die Baumwipfel. Die einst bedeutendste Burganlage an der Bergstraße wurde um 1250 von den Grafen von Katzenelnbogen erbaut und später erweitert. 1479 fiel das Schloss an die Landgrafen von Hessen, 1674 wurde es von den Franzosen erobert und beschädigt und zerfiel danach langsam. Seit Anfang des 20. Jhs. sichert das Land Hessen die Ruine vor weiterem Verfall.

Von einem frei zugänglichen Turm bietet sich ein imposanter Blick auf die mächtigen Mauern der Ruine, über die Wälder des Vorderen Odenwaldes und die Rheinebene bis zum Pfälzer Wald. Ganz nah erscheint der Gipfel des 517 m hohen Melibokus, die markanteste Erhebung des Vorderen Odenwaldes und der zweithöchste Berg des gesamten Gebirges. Ursprünglich hieß der Berg Malchen, doch hat sich der von Studenten im Zeitalter der Romantik geprägte Name Melibokus (in Anlehnung an das von Ptolemäus so bezeichnete nördlichste Gebirge Germaniens) durchgesetzt.

Das Schloss kann nur im Einbahnstraßensystem auf engen Waldsträß-

Schloss Auerbach, die größte Burgruine an der Bergstraße, war bis ins 17. Jh. bewohnt

1
Karte Seite 51

chen angefahren werden! Die ausgeschilderte Zufahrt zweigt in Bensheim-Auerbach von der B 3 Richtung Darmstadt (Darmstädter Straße) ab, die Talfahrt erfolgt auf anderen Wegen erneut durch Auerbach.

Schloss Auerbach, Bensheim-Auerbach, Tel. 7 29 23, www.schloss-auerbach.de. Essen und Trinken in Aussichtslage, Erlebnisgastronomie mit Rittermahlen (jeden Sa öffentlich, ansonsten für geschlossene Gruppen). Diverse Events, Musik- und Theater-Veranstaltungen in den Gasträumen und im großen Zelt im Schlosshof. ○–○○, Rittermahl ○○○

Vom Schloss Auerbach bietet sich eine gut zweistündige, bequeme **Waldwanderung zum Melibokus** an, deren Steigungen trotz des Höhenunterschiedes von 180 m nicht allzu steil sind (Markierung: blaues B des Burgenwegs). Auf dem Melibokusgipfel befindet sich ein 22 m hoher Aussichtsturm. Er kann während der Öffnungszeiten eines Gastraums (Sa, So, Fei ab 11 Uhr) bestiegen werden und bietet eine wunderbare Aussicht auf Taunus, Donnersberg, Pfälzerwald und Vogesen. Noch grandioser mag die Vogelperspektive für die Drachenflieger sein, die am Melibokus einen anspruchsvollen Startplatz haben (B-Schein erforderlich).

Zwingenberg ❽

Am Fuß des Melibokus liegt Zwingenberg (7300 Einw.), schon 1258 urkundlich erwähnt und damit älteste Stadt an der Bergstraße. Hoch über der malerischen Altstadt erhebt sich als Wahrzeichen die hübsche Bergkirche. Sie stammt ursprünglich aus dem 13. Jh. und wurde nach schweren Schäden im Pfälzischen Erbfolgekrieg erneuert. Steile Gassen und Treppen führen von der Unterstadt zur Bergkirche hinauf. Dass sich das Städtchen im Lauf der Jahrhunderte vor so manchem Feind schützen musste, beweist nicht nur die weitgehend erhaltene Stadtmauer, auf der Häuser stehen, sondern ebenso der mauergeschützte ehemalige Wehrkirchhof. Auch zum Berg hin war die Stadt ummauert. In Zwingenberg drehen sich viele Veranstaltungen rund um den Wein: z. B. die Weinlagenwanderung am 1. Mai und das Weinfest zu Pfingsten.

Touristikbüro, Untergasse 16, 64673 Zwingenberg, Tel. 0 62 51/70 03 22, www.zwingenberg.de

Café und Weinstube Piano, Obertor 6, Tel. 93 99 44, www.weinstube-piano.de. Gutsausschank des Weinguts Bürkle in rustikalem Ambiente. Das Lokal verarbeitet frische regionale Produkte in seiner vielfältigen Küche, die u. a. mediterrane Gerichte bietet (Mo–Fr ab 17 Uhr, So/Fei ab 12 Uhr). Mitt-wochs Pianomusik. ○○

Seit 1980 ist die Theatergruppe Mobile Besitzer und Betreiber des wohl schönsten Theaters an der Bergstraße. Das **Theater Mobile im alten Amtsgericht** bietet 100 Zuschauern Platz. Neben Eigenproduktionen gibt es Gastspiele. Programm unter www.mobile-zwingenberg.de.

Im weiteren Verlauf der Bergstraße folgen noch mehr Burgen und Schlösser. Mit seinen dicken Mauern ist das **Alsbacher Schloss** (Zufahrt von Alsbach-Hähnlein) eigentlich eine trutzige Höhenburg, die ab 1230 erbaut wurde. Stolze 4 m dick sind die Mau-

1 Karte Seite 51

ern des 19 m hohen Bergfrieds. Vom unteren Parkplatz zur Burg führt ein etwa 20-minütiger Gehweg.

Herrliche Parkanlagen umgeben **Schloss Heiligenberg** bei Seeheim-Jugenheim. Das Schloss selbst, ein schlichter, weißer Vierflügel-Bau aus dem Jahr 1831, ist nicht zu besichtigen. Die Nachkommen des ehemaligen Hausherrn Prinz Alexander von Hessen und seiner bürgerlichen Frau Julie, die vom Großherzog zur Prinzessin von Battenberg erhoben wurde, reüssierten unter diesem Namen (in England Mountbatten) im europäischen Hochadel.

Um Burg Frankenstein ranken sich schaurige Geschichten

Burg Frankenstein ❾

Auf dem Langenberg südlich von Darmstadt erheben sich auf einer Bergnase die Türme und Mauern von Burg Frankenstein. Sie wurde im 13. Jh. gegründet und später mehrfach erweitert und verstärkt. Nach dem Aussterben der Herren von Frankenstein im 17. Jh. und unterschiedlicher Nutzung verfiel die Burg ab dem 18. Jh. Die ausgedehnte Anlage mit zwei Türmen und weitläufigen Mauern und Gebäuderesten wirkt selbst im Sommer gespenstisch, wenn nur schummrig grünes Licht durch das Blätterdach fällt. Von den Zinnen der Burg schweift der Blick über die Rheinebene und den Odenwald.

Vom Parkplatz kann man wahlweise bequeme oder steile Wege zur Burg wählen, am eindrucksvollsten ist die »Himmelsleiter«.

Viele Sagen ranken sich um das alte Gemäuer. 1673 wurde der Arzt und Alchimist Johann Conrad Dippel von Frankenstein auf der Burg geboren, der als Hexenmeister mit dem Teufel einen Pakt geschlossen haben und noch immer als Geist umgehen soll. Angeblich hat die englische Autorin Mary Shelley im 19. Jh. die Burg besucht und kam dort auf den Namen Frankenstein für ihr berüchtigtes Monster. Das ist auch der Grund, weshalb alljährlich zu Halloween an drei Wochenenden im November viele Tausend meist skurril verkleidete Besucher zu den inzwischen berühmten Monstershows kommen, um sich genüsslich zu gruseln.

Restaurant Burg Frankenstein, Mühltal, Tel. 0 61 51/50 15 01, www.burg-frankenstein.de.
In stimmungsvoller Umgebung kann man Speisen der regionalen Küche genießen oder vespern. Große Aussichtsterrasse (Mo geschl.). ○–○○

Gemeinde Mühltal, Ober-Ramstädter-Str. 2, 64367 Mühltal, Tel. 0 61 51/1 41 70, www.muehltal.de

Nach Darmstadt sind es noch 10 km.

Tour 2

Romantisches Herz des Odenwaldes

2
Karte Seite 64

Darmstadt → **Grube Messel → Dieburg → Groß-Umstadt → (Abstecher Veste Otzberg) → *Burg Breuberg → Obernburg am Main → Wörth → **Miltenberg → **Amorbach → Englischer Garten Eulbach → *Michelstadt → (Abstecher Bad König) → *Erbach → Beerfelden → Lindenfels → *Felsenmeer Lautertal → Bensheim (170 km)

Diese Tour führt von der Oberrheinischen Tiefebene bis an den Main und durch das Herz des Odenwaldes wieder zurück zur Bergstraße. Einst erstreckte sich hier das dicht bewaldete Jagdgebiet der Nibelungen. Neben sagenhaften Gefilden erschließt diese zentrale Tour den Odenwald in seiner ganzen Vielfalt. Von offenen Kuppenlandschaften mit Wiesen, Hecken und Feldern über weite Waldgebiete und tief eingeschnittene Täler bis zum mächtig dahinströmenden Main oder dem sagenumwobenen Felsenmeer. Zudem entzücken romantische Städte wie Miltenberg oder Michelstadt und barocke Höhepunkte wie die Abtei Amorbach oder Schloss Erbach.

Weit weg von den Machtzentren und fernab großer Verkehrsströme verlief die Entwicklung weniger rasant als anderswo, blieben die Städte weitgehend von einschneidenden Veränderungen und Bausünden der jeweiligen Epoche verschont. Um diese Idylle ohne Hektik zu genießen, braucht es mindestens drei Tage.

**Grube Messel ⑩

Riesenvögel und Pferdchen – so klein wie Hunde, Krokodile, Fische und farbenprächtige Insekten: Wer sich für die Entstehung des Lebens auf unserer Erde interessiert, darf eine Führung durch die Grube Messel nicht versäumen. Von einer Aussichtskanzel am Grubenrand kann man über das Gelände des ehemaligen Ölschieferabbaus schauen. An dieser Stelle breitete sich vor 47 Mio. Jahren dichter Regenwald um einen Vulkansee aus. Im Lauf der Jahrmillionen verfestigte sich der Schlamm im Seegrund zu Ölschiefer, in dessen Schichten sich heute ein einmaliges Fenster in die Urzeit auftut.

Schon im 18. Jh. wurde braunkohleartiges Material abgebaut, in dem immer wieder Knochenreste auftauchten. Bei wissenschaftlichen Grabungen im 19. Jh. entdeckte man dann Fossilien in ungewöhnlich gutem Zustand: vollständige Skelette von Säugetieren mit Haut, Haaren und Resten der letzten Mahlzeit oder Embryonen im Mutterleib, dazu Fische, Amphibien, Reptilien, Vögel und Hunderte von Pflanzenarten aus dem Erdzeitalter Eozän. Durch den fehlenden Sauerstoff im Vulkansee konnten sich die Kadaver nicht zersetzen und geben heute ein vollständiges Bild der damaligen Tier- und Pflanzenwelt.

1971 sollte das Ölschieferwerk mit dieser einzigartigen Fossilienfundstätte zur Mülldeponie werden. Jahrzehntelanger Einsatz einer Bürgerinitiative verhinderte dies, bis die Grube Messel 1995 in die UNESCO-Liste der Weltnaturerbestätten aufgenommen wurde.

In einer Infostation am Eingang sowie in der Beobachtungskanzel über dem Krater erläutern Tafeln das urgeschichtliche Geschehen (31. März bis 31. Okt. tgl. 11–16 Uhr). Die Fossili-

Ein Fenster zur Urzeit: die beeindruckenden Fossilienfunde der Grube Messel

en selbst sind im Hessischen Landesmuseum Darmstadt, im Naturkundemuseum Senckenberg in Frankfurt sowie im Heimatmuseum in Messel (April–Okt. Di–So 14–17, So/Fei auch 10–12 Uhr) zu bewundern. Einstündige Zeitreisen durch die Grube geben spannende Einblicke in die Erdgeschichte (1. April–31. Okt., Sa, So/Fei 13.30 und 15 Uhr, Treff bei der Infostation). Zudem wird ein breites Informationsprogramm mit Führungen für unterschiedliche Zielgruppen wie Familien, Schulklassen, Firmen, Geologen und Paläontologen angeboten.

i **Welterbe Grube Messel GmbH,** Postfach 1158, 64409 Messel, Tel. 0 61 59/71 75 95, www.grube-messel.de

Die Grube Messel spielt eine wichtige Rolle im Roman **Das Ölschieferskelett** von Bernhard Kegel. Protagonist Dr. Helmut Axt ist als Leiter der Grube Überraschungen gewöhnt. Doch als aus dem 50 Mio. Jahre alten Ölschiefer ein menschliches Skelett mit Zahnkronen und Armbanduhr geborgen wird, ist er fassungslos. Die Leser nehmen teil an der Aufklärung des Falles und erhalten nebenbei Informationen über den neuesten Stand der Evolutionsforschung (Heyne-Verlag, 1998; nur noch antiquarisch und in Bibliotheken erhältlich).

Beweglicher Fastnachtsbrunnen von Dieburg

Dieburg ⑪

Dieburg (16 000 Einw.) liegt an der Deutschen Fachwerkstraße. Vor allem rund um den Markt und in der Zuckerstraße reihen sich zahlreiche spätmittelalterliche Häuser, teilweise mit Schmuckfachwerk. Funde aus der Römerzeit, darunter ein Mithras-Stein und eine Jupiter-Gigantensäule, belegen die Bedeutung der Stadt schon vor 2000 Jahren (zu bewundern im Museum Schloss Fechenbach, das nach aufwändiger Restaurierung 2007 wieder eröffnet wird; www.schloss-fechenbach.de). Später wurde Dieburg kurmainzische Amtsstadt.

Originell ist der **Fastnachtsbrunnen** an der Steinstraße/Ecke Zuckerstraße mit beweglichen Figuren. Die ursprünglich gotische **Wallfahrtskirche** zur schmerzhaften Gottesmutter beeindruckt durch ihre ungewöhnliche T-Form, mehrere Skulpturen, Barockaltäre und florale Deckenbemalung. Besonders bemerkenswert ist das Gnadenbild im Hochaltar, eine Pietà von 1420. Das anrührende und ungewöhnliche Kunstwerk ist aus Leder,

2 Karte Seite 64

2
Karte Seite 64

Ton und Holz gearbeitet. Vor der Stadtmauer liegt die **Brückenmühle** an der Gersprenz (Steinweg 1), deren munter drehendes Wasserrad nicht nur Kinder fasziniert. Lustwandeln kann man im **Schlossgarten,** den Johann Philipp Ernst von Groschlag im 17. Jh. als französischen Park vor den Toren der Stadt anlegen ließ. Er wurde später ergänzt durch eine Holländische Partie mit umlaufenden Kanälen und einen klassischen Englischen Landschaftsgarten. Auf dem Festplatz findet im Juli das Schlossgartenfest statt.

i **Kulturamt,** Markt 4, 64807 Dieburg, Tel. 0 60 71/ 2 00 22 09, www.dieburg.de

Il Castello nennt sich ein Edelitaliener im Albinischen Schloss, einem Bau von 1809 durch Reichsfreiherr Franz Joseph von Albini (Schlossgasse 12, Tel. 82 99 97, www.ilcastello-dieburg.de). In elegantem Ambiente verwöhnen Antonio und Maria Grazia Sciurti ihre Gäste mit hoher mediterraner Kochkunst und erlesenen italienischen Weinen. Eine Spezialität ist die Tagliata Toscana: dünn geschnittenes Rinderfilet, auf heißem Tonteller gegart und serviert (Mo Ruhetag, Reservierung empfohlen). ○○

- **Mephisto und Krone-Keller,** Zuckerstr. 7, Tel. 82 33 18, www.mephisto-dieburg.de. Beliebtes Lokal am Marktplatz, zum Frühstücken, Mittagessen, Kaffeetrinken oder Abendessen drinnen oder draußen. Im Krone-Keller, dem ältesten Naturstein-Gewölbekeller der Stadt, ist abends Barbetrieb oder werden Weinproben, Feuerzangenbowle oder Käsefondue angeboten. ○○

Groß-Umstadt ⑫

Schön am Rand des Naturparks Bergstraße-Odenwald liegt die »Odenwälder Weininsel« Groß-Umstadt (22 600 Einw.). Tatsächlich konnte sich die Stadt mit 62 ha Rebfläche bis zur Wiedervereinigung mit dem Prädikat kleinstes deutsches Anbaugebiet schmücken. Noch älter als die über 1250-jährige Geschichte der Stadt ist die des Weinbaus, wie ein römischer Traubenstein belegt. Neben einer großen Palette an Weißweinsorten

Wenn die Tollitäten regieren

Nicht »Helau!«, sondern »Äla!« rufen die Dieburger Fastnachter in der Fünften Jahreszeit. Dieburg ist eine Hochburg der Fastnacht, die hier bereits im Jahr 1508 zum ersten Mal erwähnt wurde.
Somit feiert die Stadt 2008 das 500-jährige Fastnachtsjubiläum. Der Karnevalverein Dieburg 1838 ist mit derzeit knapp 1600 Mitgliedern Deutschlands größter im Bund Deutscher Karneval. Veranstaltet werden Sitzungen, ein Kinderumzug und der farbenprächtige Große Dieburger Fastnachtszug mit jeweils 111 Zugnummern, der alljährlich mehrere Zehntausend Besucher anzieht. Erst am Fastnachtssonntag wird das Prinzenpaar bekannt gegeben, das die Stadt während der närrischen Tage regiert. Die Dieburger Fastnacht lebt auch von ihren eigenen Liedern und Schlagern.

wird zunehmend auch Rotwein produziert. Alljährlich feiert Groß-Umstadt am Wochenende nach dem 15. September sein Winzerfest mit Weinprobe und großem Festprogramm.

Ein neu gestalteter **Weinlehrpfad** in der Lage Herrnberg informiert über die Rebsorten und die Geschichte des Umstädter Weinbaus. Auf der 2,1 km langen Strecke eröffnen sich schöne Ausblicke über die Stadt und weit in den Odenwald.

Gemütlich zeigt sich die kleine, kompakte Altstadt mit mehreren Türmen, Schlösschen und Herrenhäusern. Als gute Stube präsentiert sich der Marktplatz. Dort erhebt sich die im 15. Jh. in ihrer heutigen Gestalt errichtete Stadtkirche unmittelbar neben dem repräsentativen Renaissance-Rathaus von 1596 mit prunkvollem Portal. Die Mitte des Marktplatzes schmückt der **Biet** genannte Vierröhrenbrunnen aus dem 18. Jh., dessen Brunnenstock von einer »Bietjungfer« gekrönt ist. Die allegorische Figur mit Palmwedel stützt sich auf zwei Wappenschilde ehemaliger Landesherren.

Mit Archäologie, Stadtgeschichte und Brauchtum befassen sich die Sammlungen im Umstädter Museum **Gruberhof,** der einst Scharfrichterhaus, später als Schaffarm diente. Das ganze Jahr über gibt es dort Veranstaltungen, Feste und Handwerksvorführungen (Raibacher Tal 22, Ostern bis Okt. So 13–18 Uhr, Tel. 43 58, www.gruberhof-museum.de).

Tourismusamt, Markt 1, 64823 Groß-Umstadt, Tel. 0 60 78/78 10, www.gross-umstadt.de

Restaurant Brücke-Ohl, Georg-August-Zinn-Str. 23, Tel. 33 84. Die gemütliche historische Weinstube

Ein prächtiges Portal ziert das Rathaus von Groß-Umstadt

am Rand der Altstadt serviert saisonbezogene Speisen mit schwäbischem Einschlag und Lammspezialitäten. Die Weine stammen vom Weingut Brücke-Ohl, das auch Weinproben und Weinwanderungen anbietet (Tel. 22 86 oder 7 43 74, www.weingut-bruecke-ohl. de). ○–○○

Farmerhaus, Auf dem Haimich 35, Tel. 91 11 91, www.farmerhaus.de. 1965 als erstes afrikanisches Restaurant in Deutschland im Stil einer Lodge eröffnet. Die preisgekrönte Küche (jüngst ein 2. Platz beim »Gastrostar 2006«, dem Gastronomiepreis von Hessen) bringt exotische Kreationen, vor allem südafrikanische Wildspezialitäten, z. B. vom Springbock, Gnu, Zebra, Kudu oder Krokodil, auf den Tisch. Edle Kap-Weine stehen auf der Getränkekarte. ○○○

Bei der Weiterfahrt auf der B 45 lohnt sich ein Abstecher zur ***Veste Otzberg** (8,5 km von Groß-Umstadt aus), die sich auf einem weithin sichtbaren, alten Vulkankegel über der Ortschaft Hering erhebt. Die erste Erwähnung dieser Burg findet sich in einer Urkun-

2 Karte Seite 64

2
Karte Seite 64

de aus dem Jahr 1231. Sie wurde zum Schutz des Landbesitzes von Kloster Fulda erbaut. Ältester Teil der Burg ist der 17 m hohe, runde Bergfried, wegen seines weißen Anstrichs im Volksmund Weiße Rübe genannt. Er bietet einen fantastischen Rundblick. Den fast ovalen Burghof umstehen der Palas, der ein privates Volkskundemuseum beherbergt (So 11–17 Uhr und nach Vereinbarung; Tel. 0 61 62/ 11 14, www.museum-otzberg.de); das Korporalshaus (18. Jh.), das u. a. für Trauungen genutzt wird, sowie das ehemalige Kommandantenhaus mit schönem Fachwerk im Obergeschoss, in dem die Burgschänke (OO) und eine Kunstgalerie zum Besuch einladen (Mi–Fr ab 17 Uhr, Sa/So ab 12 Uhr, Tel. 0 61 62/7 22 74).

Auf dem Otzberg finden Musik-Events statt, darunter jeweils im September die **Otzberger Sommerkonzerte,** denen ein Workshop mit jungen, preisgekrönten Kammermusikern vorangeht (www.otzbergersommerkonzerte.de).

*Burg Breuberg ⓭

Schon von Weitem ist die imposante Burg Breuberg auf einem markanten Bergkegel hoch über dem Mümlingtal zu erkennen, wegen ihrer Größe und

des außergewöhnlich guten Erhaltungszustandes ein beliebtes Ausflugs- und Wanderziel. Sie wurde im 12. Jh. von der Reichsabtei Fulda gegründet, die ihr Gebiet gegen den Einflussbereich der Klöster Lorsch und Mainz sichern wollte. Im Lauf der Zeit entwickelte sich die Festung zu einer immer mächtigeren Burg, die mehrfach ihre Besitzer wechselte und heute dem Land Hessen gehört. In der Burg befindet sich jetzt u. a. eine Jugendherberge.

Romanische, gotische und Renaissance-Bauteile zeugen von den verschiedenen Entstehungsphasen. Über eine ehemalige Zugbrücke gelangt man in das Vorwerk der Burg und dann durch ein Rundbogentor in die Kernburg. Am Tor bekommen Besucher zunächst die Zunge herausgestreckt – vom steinernen Breilecker, der einst Feinden der Burgherren seinen Spott entgegensandte. Der heute trockene Brunnen ist noch 85 m tief und reichte früher noch weiter in wasserführende Schichten hinab. Im eindrucksvollsten Teil der Burg, dem schlossartigen Johann-Casimir-Bau aus dem 16. Jh., informiert das **Burgmuseum** über die Geschichte der Burg und der Region und über altes Handwerk. Viel zum Schauen und Staunen bietet die wertvolle Stuckdecke im Renaissance-Stil. Neben Wappen und Ornamenten begeistern vor allem Darstellungen antiker Götter, Szenen aus der Mythologie und Fabeln. Das Besondere hierbei ist, dass Arme, Beine und Köpfe der Figuren oft vollplastisch gestaltet sind und sehr lebendig wirken. Unter dem Rittersaal der ehemalige Pferdestall mit einem gotischen Kreuzgewölbe. Museum und Rittersaal können nur bei Führungen besichtigt werden (Mitte März–Mitte Okt. Sa, So 13.30, 14.45, 16 Uhr, 14. Juli bis 25. Aug. auch werktags 14 Uhr).

Gut erhalten: Burg Breuberg

Vom 25 m hohen ***Bergfried** aus werden die gewaltigen Ausmaße der Burg erst deutlich. Zudem bietet sich ein grandioser Blick über den Odenwald, zum Spessart und auf die ursprünglich selbstständigen fünf Odenwalddörfer rund um den Bergkegel, die sich zur Stadt Breuberg zusammengeschlossen haben. Unübersehbar sind auch die ausgedehnten Werksanlagen der Pirelli- und Metzeler-Reifenwerke, die einen Großteil der Mümling-Talauen beim Stadtteil Sandbach einnehmen. Der hübscheste Teilort mit sehenswerten Fachwerkhäusern ist Neustadt am Breuberg.

i **Breuberg-Museum,** Ernst-Ludwig-Str. 2–4, 64747 Breuberg, Tel. 0 61 63/70 90, www.breuberg.de

Hotel Burgterrasse, Außerhalb 2, Tel. 38 95 42, www.sandaros.com. Direkt unter der Burg Breuberg über dem Mümlingtal gelegen. Gemütliche, preiswerte Zimmer. Im Restaurant wird regionale, saisonale und mediterrane Küche geboten. Große Terrasse unter Bäumen mit Blick ins Tal. ○–○○

Jugendherberge Burg Breuberg, Tel. 34 03, www.djh-hessen.de. Romantisch wohnen in historischem Gemäuer, Zimmer mit 2–8 Betten. ○

2 Karte Seite 64

2
Karte Seite 64

Burgschänke, Tel. 0 61 65/91 25 59, www.burgschaenke.de. Familienbetrieb im Hof der mittelalterlichen Burg, mit großem Biergarten. Internationale Küche, Wildspezialitäten und selbst gemachte Kuchen. ○–○○

Obernburg am Main ⓮

Auf den Fundamenten eines im 1. Jh. n. Chr. angelegten römischen Kohortenkastells am »Nassen Limes« direkt am Main entstand das 1313 zur Stadt erhobene Oberndorf (9000 Einw.). Zwei Stadttore führen in den mittelalterlichen Kern, der von sechs Türmen, engen Gassen und historischen Gebäuden geprägt ist. Die Römerstraße, die einstige Via Principalis des Kastells, ist heute Einkaufsstraße der kleinen Stadt. Im **Römermuseum** sind bedeutende Funde zu bewundern, darunter ausgezeichnet erhaltene Reliefs, Grabsteine, Götterstatuen, Keramik und Kleinfunde. Im Keller wurde sehr eindrucksvoll ein Mithras-Heiligtum rekonstruiert. Das Museum vermittelt einen Eindruck vom Alltagsleben der Soldaten und Bewohner des Kastelldorfes von 85 n. Chr. bis zur alemannischen Limeseroberung 260 n. Chr. (Untere Wallstr. 29 a, Tel. 0 60 22/50 63 11, Di–Sa 14–16, So/Fei 11–17 Uhr).

Tourist-Information, Römerstr. 62–64, 63785 Obernburg am Main, Tel. 0 60 22/61 91 40, www.obernburg.de

Wörth am Main ⓯

Auch Wörth (5000 Einw.) geht auf die Römer zurück; als Stadt erwähnt wurde es erstmals 1291. Nach einem verheerenden Mainhochwasser 1882/1883 bauten die Wörther einen hochwassersicheren neuen Stadtteil und eine neue Kirche, weshalb die 1729 bis 1748 erbaute barocke St. Wolfsgangskirche nicht mehr gebraucht und profanisiert wurde. Entsprechend umgebaut, dient sie seit 1991 als **Schifffahrts- und Schiffsbaumuseum** und wurde damit vor dem Verfall bewahrt. In den architektonisch sehr ansprechend gestalteten Ausstellungsräumen erfährt man viel über die Geschichte der Mainschifffahrt seit ihren Anfängen, vom Leben an Bord und dem Alltag der Schifferfamilien (Rathausstr. 72, Sa, So 14–17 Uhr).

Stadtverwaltung, Luxburgstr. 10, 63939 Wörth am Main, Tel. 0 93 72/9 89 30, www.woerth-am-main.de

5 **Miltenberg ⓰

Als romantisch können sich viele Städte bezeichnen, doch Miltenberg (9800 Einw.) ist in dieser Hinsicht ein echtes Highlight. Die sich über 1 km auf einem schmalen Streifen zwischen dem Main und dem aufsteigenden Odenwald entlangziehende Altstadt besteht nur aus wenigen Gassen und der langen Hauptstraße, flankiert von Fachwerkhäusern mit fein gegliederten Schmuckfassaden, Erkern und hohen Giebeln. In dem schon 1237 als Stadt erwähnten Miltenberg wurde 1367 die **Michaelismesse** eingeführt, die noch heute Ende August/Anfang September als größtes Volksfest am bayerischen Untermain gefeiert wird. Die ursprünglich zum Kurstaat Mainz gehörende Stadt kam 1803 zu Baden und 1816 zu Bayern, lag aber so am Rand des Königreichs, dass sie sich

Das mittelalterliche Städtchen Miltenberg heißt nicht zu Unrecht »Perle am Main«

2 Karte Seite 64

nur langsam veränderte und viel vom historischen Stadtbild erhalten blieb.

Unter den schmucken Gebäuden ragen das alte **Rathaus** von 1379 und der Gasthof zum ***Riesen** besonders hervor; letzterer war seit dem 12. Jh. Fürstenherberge und ist damit wohl das älteste Gasthaus in Deutschland. Hier sollen unter anderen Kaiser Barbarossa, Albrecht Dürer, Martin Luther und der Schwedenkönig Gustav Adolf genächtigt haben.

Schnatterloch wird der von prächtigem Schmuckfachwerk umgebene ***Marktplatz** genannt, da man sich hier zu Klatsch und Tratsch einfand. Ein schöner Brunnen von 1583 mit einer Justitia auf der Säule ziert den Platz, der spitz am kleinen zum Berg hin führenden Stadttor ausläuft. Am Platz steht die Alte Amtskellerei, 1541 als spätgotisches Fachwerkhaus erbaut und heute **Städtisches Museum.** Es bietet reiche Sammlungen zur Kulturgeschichte der Stadt und des Umlandes, zur Mainschifffahrt und Fischerei, zu römischen Relikten und jüdischem Leben in Miltenberg. Für Konzept und Gestaltung wurde das Haus mit dem Bayerischen Museumspreis ausgezeichnet (Mai–Okt. Di–So 10–17.30 Uhr, Nov.–April Mi–So 11 bis 16 Uhr).

Am Berghang über der Szenerie erhebt sich die 1200 vom Mainzer Erzbischof als östlichste Grenzsicherung seines Einflussbereichs erbaute ***Mildenburg,** nach teilweiser Zerstörung im 16. Jh. im Renaissancestil erneuert. Sie war bis 1803 Sitz der erzbischöflichen Burggrafen. Neben der außerordentlich schönen Aussicht von der Burgterrasse und vom 27 m hohen Bergfried auf die Stadt und ins Maintal sind im Burghof sehenswerte Steindenkmale zu bewundern (1. Mai–Ende Okt. Di–Fr 14–17, Sa, So/Fei 13 bis 17.30 Uhr).

Zum Main hin begrenzt die Stadtpfarrkirche **St. Jakobus** mit ihren klassizistischen Doppeltürmen den Marktplatz. Sie birgt sehenswerte Kunstwerke, etwa die um 1400 geschaffene Dreikönigsgruppe oder das mächtige Sandsteinkruzifix aus dem Jahr 1527. Das Mainzer Tor im Westen und das Würzburger Tor im Osten waren einst die Stadtbegrenzungen.

2 Karte Seite 64

Schifffahrten auf dem Main zeigen Stadt und Landschaft aus einer anderen Perspektive. Stündlich führen Rundfahrten von den Mainanlagen nach Bürgstadt und Kleinheubach und zurück (Dauer: 1 Std.). Zu bestimmten Zeiten werden auch eineinhalbstündige Rundfahrten und Schleusenfahrten angeboten (Reederei Henneberger, Tel. 0 93 71/33 30, www.reederei-henneberger.de).

Tourismusgemeinschaft Miltenberg, Bürgstadt und Kleinheubach, Engelplatz 69 (Rathaus), 63897 Miltenberg, Tel. 0 93 71/ 40 41 19, www.miltenberg.info

Kostenlose Stadtführungen gibt es von Anfang Mai bis 31. Oktober Mi und Sa um 10.30 Uhr ab Tourist-Information beim Rathaus.

Hotel-Restaurant Brauerei-Keller, Hauptstr. 66–70, Tel. 50 80, www.hotel-brauerei-keller.de. Gediegenes Traditionshaus, günstig am Beginn der Fußgängerzone gelegen. Fisch- und Wildspezialitäten aus der Region. ❍❍

▮ **Hotel zum Riesen,** Hauptstr. 97, Tel. 25 82, www.riesen-miltenberg.de. Die einstige Fürstenherberge lebt noch immer vom Glanz vergangener Tage: hier das Giebelzimmer König Gustav Adolfs, dort das Himmelbett Kaiser Ludwigs des Bayern. Ein Fachwerkhaus für Romantiker mit fast 1000-jähriger Geschichte. ❍❍

Gastronomie Karl Steuer, Hauptstr. 42, Tel. 7286, www.weingutsteuer.de. In der urgemütlichen Wirtschaft des Weinguts werden nur eigene Gewächse kredenzt. Dazu kommen saisonale Spezialitäten auf den Tisch – von Fisch und Spargel über Pilze und Wild bis Gans. Wer den Wein in aller Ruhe genießen möchte, kann – mit etwas Glück – in einem der vier komfortablen Gästezimmer schlummern. ❍❍

▮ **Gasthaus zum Riesen,** Hauptstr. 99, Tel. 98 99 48. Eines der ältesten Gasthäuser Deutschlands, seit 2001 vom Brauhaus Faust bewirtschaftet. Im alten Gemäuer herrscht jetzt entspannte Bistro-Atmosphäre. Fränkische Schmankerl, Steaks und Salate. Brauereibesichtigungen. ❍–❍❍

Würziger Duft lockt in die **Kaffeebar & Rösterei Mika,** den Treffpunkt für Espresso-Fans. Fast schon Kult: der kleine, schwarze »Luca forte«. Der junge, ambitionierte Michael Schulz ist Meister seines Fachs. Ob fruchtig, mild, würzig oder schokoladig, die frisch gerösteten Kaffeesorten und Accessoires rund um die Bohne sind ein nettes Mitbringsel (Hauptstr. 144, Tel. 9 48 96 66).

**Amorbach ⓱

Begeistert Miltenberg durch sein mittelalterliches Fachwerk, so zeigt sich Amorbach (4300 Einw.) als glanzvolle Barockstadt. Sie ging aus dem 734 gegründeten Kloster hervor, gehörte von 1272 bis zur Säkularisierung 1803 zum Erzstift Mainz, danach vier Jahre zu Baden, sechs Jahre zu Hessen und ab 1816 dann zu Bayern.

6 Den barocken Höhepunkt bildet die 1742–1747 erbaute **Abteikirche,** die von den bedeutendsten Künstlern des Rokoko in lebhaften Farben und üppigen Formen ausgestaltet wurde, darunter den Stuckateuren Johann Michael Feichtmayr und Georg Übelhör sowie dem Wessobrunner Maler Matthäus Günther. Die größte Barockorgel der Welt

ist ein Meisterstück aus der Werkstatt der berühmten Gebrüder Stumm. Sie verfügt über 5116 Pfeifen in 65 Registern, verteilt auf vier Manuale und ein Pedal sowie ein Glockenspiel. Zu den großen Jahresfesten und an einigen anderen Terminen werden mit internationalen Künstlern besetzte Orgel- und Instrumentalkonzerte angeboten.

Orgelvorführungen gibt es von März bis Oktober Di–Sa um 11 und 15 Uhr, So/Fei um 12 und 15 Uhr (Tel. 0 93 74/97 15 45).

An die Abteikirche schließt sich die 1250 Jahre alte **Abtei** an, die im 18. Jh. ebenfalls barocken Glanz erhielt. Zu den Höhepunkten zählen der Grüne Saal und die Klosterbibliothek im sogenannten Amorbacher Zopfstil. Das Kloster befindet sich im Privatbesitz des Fürstenhauses zu Leiningen. Kirche und Konventbau mit Bibliothek und Grünem Saal können vom 1. März bis 31. Okt. Di–Sa von 10 bis 17 Uhr und So und Fei von 11 bis 17.30 Uhr besichtigt werden.

Originell – die Teekannensammlung im Mutter-Museum

Ebenfalls barock ausgestattet ist die **Pfarrkirche St. Gangolf,** die von Besuchern oft mit der Abteikirche verwechselt wird. Die unter Denkmalschutz stehende **Altstadt** bezaubert durch verwinkelte Gassen mit Kopfsteinpflaster, Fachwerkhäuser und Reste der Stadtmauer. Das Alte Rathaus von 1478 mit seinem ganz mit Schiefer verkleideten Obergeschoss dominiert den Marktplatz. Auffallend auch die farbenfrohe Mariensäule, die 1675 nach dem Durchzug der französischen Truppen aufgestellt wurde.

Das Mutter-Museum

»mutter.museum für kunst.sammlung berger« steht auf dem feuerroten ehemaligen Fabrikgebäude der Geschenkartikel-Produzentin Eva Maria Berger am Rand der Amorbacher Altstadt. Die genial-skurrilen Sammlungen der 1997 verstorbenen »Mutter Berger« werden nun von ihren Töchtern originell und liebevoll präsentiert. Frau Berger sammelte neben zeitgenössischer Kunst auch Teekannen, Puppen, Teddys und alles rund um Pepsi Cola. So erleben die staunenden Besucher eine total verrückte Teekannensammlung in tropischem Ambiente, Puppen-Protestdemonstrationen und einen Teddybären-Knast. Amüsant auch die Mona-Lisa-Zimmer oder eine Bücherinstallation von Matej Kren. Eva-Maria Berger war mit vielen Künstlern befreundet. So überraschen Arbeiten von Niki de Saint-Phalle, Yves Klein, Christo, Keith Haring oder H. A. Schult sowie Lithografien von Marc Chagall (Wolkmannstr. 2, April–Okt. tgl. 11–17.30 Uhr, Tel. 0 93 74/9 90 81, www.amorbach-mutter.de).

2
Karte Seite 64

2
Karte Seite 64

Etwa 2 km von der Altstadt entfernt steht im Otterbachtal die **Kapelle Amorsbrunn,** die im 8. Jh. Ausgangspunkt der Christianisierung des Odenwaldes durch irische Wandermönche gewesen sein soll. Der Quelle unter dem Kirchlein werden Wunderheilungen nachgesagt. An der äußeren Chorwand befindet sich seit 1535 ein aufgemaltes Christophorusbild.

Fünf Kilometer südlich von Amorbach liegt auf einem Bergvorsprung die ***Burgruine Wildenberg.** Sie wurde von staufischen Gefolgsleuten um 1200 erbaut und gilt aufgrund der Größe und der vorhandenen Bauwerke als Vorbild für den deutschen Burgenbau. Am großen Kamin im Palas soll Wolfram von Eschenbach Teile des Parzival geschrieben haben. Im Bauernkrieg 1525 brannte der »helle Haufen« des Ritters Götz von Berlichingen die Burg nieder. Auf dieses Ereignis bezog sich Goethe in seinem Drama. »Ich sehe Miltenberg brennen«, ließ er den Bauernführer entrüstet ausrufen. Doch Goethe irrte: Richtig müsste es heißen: »Ich sehe Wildenberg brennen.« Auch als Ruine ist Wildenberg noch sehr sehenswert; die ursprüngliche Anlage noch gut zu erkennen. Vom Bergfried (nicht immer geöffnet) bietet sich ein großartiger Ausblick über die Berge und Täler des Odenwaldes.

i **Tourist-Information,** Altes Rathaus, Marktplatz 1, 63916 Amorbach, Tel. 0 93 73/ 2 09 40, www.amorbach.de

Hotel Post – Das Adorno-Haus, Schmiedgasse 2, Tel. 13 10, www.hotelpost-amorbach.de. Traditionsreiches Hotel in einer ehemaligen Post- und Telegrafenstation. Stammhaus teils mit Biedermeier-Inventar, aber modernem Komfort. Der Frankfurter Philosoph T. W. Adorno war mit der Besitzerfamilie befreundet und wohnte immer im Fürstenzimmer, heute Adorno-Zimmer genannt. Ruhige Lage im Ortskern, idyllische Gartenterrasse. Im Restaurant regionale und französische Spezialitäten. ❍❍

Faß-Stüble, Abteigasse 27, Tel. 85 15. Wer nach dem Besuch des Mutter-Museums Lust auf Stärkung verspürt, findet nach wenigen Schritten über das Brückchen die einfache Wirtschaft von Marianne Albert. Spezialitäten sind Apfelwein und Hausmacher Vesper. ❍

Englischer Garten Eulbach ⑱

Auf dem Höhenrücken zwischen den Tälern von Mudau und Mümling liegt direkt an der Nibelungenstraße der Englische Garten Eulbach, ein im 19. Jh. am ehemaligen Limes angelegter Park, in dem ein römischer Obelisk, Skulpturen, ein Limes-Wachturm und Tore von Kastellen erhalten sind. In der weitläufigen Anlage befinden sich außerdem Wildgehege, ein Wisent-Beobachtungsstand und ein Teich mit Wasservögeln (ganzjährig tgl. 9–17 Uhr, Tel. 0 60 61/70 60 42).

Beim Englischen Garten zweigt nach Süden die Straße nach Würzberg (3 km) ab. Dort bietet ein **Abenteuerwald** spannende Attraktionen wie einen Hindernisparcours, eine Hängebrücke, Wackeltunnel, Tarzansprung, Hangelleiter und ähnliches für Kinder ab 5 Jahre bzw. 110 cm wie auch für Erwachsene (April–Okt. Fr 13–19 Uhr, Sa, So und Brückentage 10–19 Uhr. Reservierung erforderlich unter Tel. 0 60 61/70 50 70, www.abenteuer-wald.com).

*Michelstadt ⑲

Täglich klicken die Kameras in Michelstadt (18 500 Einw.) vor dem bekanntesten Fotomotiv des Odenwaldes: dem zierlichen mittelalterlichen ****Rathaus,** einem gotischen Fachwerkbau von 1484. Der Oberbau ruht auf den mächtigen Holzständern der Erdgeschosshalle und wird von drei Türmchen gekrönt.

Der Bau bildet einen eindrucksvollen Kontrast zur dahinter stehenden **Stadtkirche** aus dem 15. und 16. Jh. mit hoch aufragendem, spitzem Turm. In der ehemaligen Kapelle am Chor, Familiengruft der Grafen zu Erbach, sind zahlreiche künstlerisch gestaltete Grabsteine und Epitaphe zu bewundern. Auf der Säule des **Marktbrunnens** von 1575 gegenüber dem Rathaus wacht der Erzengel Michael und hält als Schutzpatron mit Flammenschwert und Seelenwaage das Böse von der Stadt ab. Als eines der wenigen Steinhäuser am Marktplatz hebt sich das ehemalige Gasthaus zum Goldenen Löwen von den umgebenden Fachwerkhäusern ab, ein Bau von 1755 mit Spätbarock-Portal und ausladendem Balkon. Sonst dominiert Fachwerk die nahezu kreisrund angelegte Altstadt.

Die **Michelstädter Burg** im Süden bei den großen Parkplätzen ging aus einem fränkischen Meierhof hervor und kam 815 in den Besitz von Einhard, dem Geschichtsschreiber von Karl dem Großen. Als Eckturm der Burg erhebt sich der steinerne, von einem Fachwerkgeschoss gekrönte **Diebsturm.** In den Renaissance-Gebäuden der Burg aus dem 16. Jh. zeigt das **Odenwald- und Spielzeugmuseum** Möbel, Handwerks- und bäuerliche Haushaltsgeräte, historische Waffen und Arbeiten einheimischer

Marktbrunnen in Michelstadt

Künstler sowie Spielzeug aus der Epoche 1890–1940 (tgl. 10–17 Uhr).

Im ehemaligen Schulhaus gibt das private **Elfenbeinmuseum Ulrich Seidenberg** einen Überblick über das Schaffen des Meisters und zeigt Elfenbeinschnitzereien aus dem europäischen, asiatisch-indischen, afrikanischen und indonesischen Raum (Haus des Elfenbeins, Am Kirchplatz 7, Tel. 31 57, Mo–Fr 10–12, 14.30–17 Uhr; Sa, So/Fei bis 16 Uhr).

Erotik im Museum: 300 erotische Kleinplastiken aus Elfenbein – teils Unikate – sowie Grafiken und Skizzen sind in einem besonderen Raum des Elfenbeinmuseums Seidenberg zusammengetragen.

Motorräder der 1920er- und 1930er-Jahre sind im **Motorradmuseum** zu bewundern (Walther-Rathenau-Allee 17, Mai–Sept. tgl. 10–18 Uhr, Okt.–April nur Sa, So; 23. Dez.–29. Febr. geschl.; Tel. 7 37 07).

In der alten Michelstädter Synagoge von 1791, einem der ganz wenigen jüdischen Bethäuser, die in Südhessen die NS- Zeit überdauerten, befindet sich das **Landesrabbiner Dr. I. E.**

2 Karte Seite 64

2
Karte Seite 64

Wasserburg Fürstenau mit seinem prächtigen Schwibbogen

Lichtigfeld-Museum. Ausgestellt sind Kultgegenstände, Archivalien und Fotoreproduktionen, welche die Erinnerung an die früheren jüdischen Mitbürger wach halten sollen. Die Sammlung gibt einen Einblick in die religiösen, sozialen und politischen Verhältnisse der Odenwälder Juden der vergangenen Jahrhunderte (Mauerstr. 19, So–Do 14.30–17.30 Uhr, Fr, Sa und an den jüdischen Feiertagen geschl.; Tel. 0 60 61/7 41 33).

Ein besonderes Werk karolingischer Baukunst ist die ***Einhardsbasilika** im Stadtteil Steinbach, die von Einhard, einem Vertrauten und Berater Karls des Großen, ab 815 erbaut wurde. Von der turmlosen Kirche blieben Mittelschiff, Apsis, ein Nebenchor und eine kreuzförmige Krypta erhalten. Bis 1535 gehörte sie zu einem dann aufgelösten Kloster (Schlossstr. 17, Tel. 0 60 61/24 47, März–Okt. Di–So 10–12, 13–17 Uhr).

Ganz in der Nähe errichteten die Kurmainzer Landesherren im 13. Jh. die Wasserburg **Fürstenau.** Sie wurde im 16. Jh. zu einem Renaissance-Schloss umgebaut, in dem ein prächtiger ***Schwibbogen** von fast 15 m Spannweite dominiert. Der Hof des von den Grafen Erbach-Fürstenau bewohnten Schlosses ist frei zugänglich. Skulpturen beleben den von der Mümling durchflossenen romantisch-verwilderten Schlosspark mit prächtigem altem Baumbestand.

Tourist-Information, Hulster Str. 3, 64720 Michelstadt, Tel. 0 60 61/97 99 97, www.michelstadt.de

Hotel-Restaurant Zum Grünen Baum, Große Gasse 17, Tel. 24 09, www.gruenerbaum-michelstadt.de. Historisches Gasthaus, seit über 300 Jahren im Familienbesitz. Feine klassische und regionale Küche. Fleisch vorwiegend vom eigenen Bauernhof, u. a. Gänse und Enten. ❍❍ Freundliche Gästezimmer. ❍

Hotel-Restaurant Drei Hasen, Braunstr. 5, Tel. 7 10 17,www.dreihasen.de. Gleich hinter dem Rathaus, Zimmer mit Romantik-Flair. Rustikale Gasträume, feine Wild- und Fischspezialitäten ebenso wie deftige Odenwälder Gerichte. Schöner Biergarten. ❍❍

Michelstädter Rathausbräu, Mauerstr. 1–3, Tel. 56 66, www.rathausbraeu.de. Bierschwemme mit Einblick in die Brauanlage, Wintergarten an der Stadtmauer. Frische Biere direkt aus den Lagertanks, herzhaft-deftige Speisen wie Schweinshaxe, Mälzerschnitzel oder Bierbraten. ❍–❍❍

Café Siefert, Braunstr. 17, Tel. 30 68, www.cafesiefert.de. Einen Besuch beim Konditorweltmeister Bernd Siefert sollte man sich nicht entgehen lassen. Zig Goldmedaillen schmücken den Hausflur. Torten, Baumkuchen, Panettone, Pralinen und Schokolade aus eigener Produktion – alles zum Mitnehmen. Berühmt ist Siefert für sein modelliertes Marzipan und seine Zuckerartistik. ❍❍❍

Abstecher nach Bad König

Sieben Kilometer nördlich von Michelstadt lädt im Thermalbad Bad König (9600 Einw.) die **Odenwald-Therme** zur Erholung ein. Das großzügige Freizeit- und Gesundheitsbad verfügt über Innen- und Außenbecken, Wildwasserkanal, Massagedüsen, Whirlpool, Attraktionen für Kinder sowie eine ausgedehnte Saunalandschaft und zahlreiche Wellnesseinrichtungen (Di–Sa 9–13, So/Fei, Mo 9–22 Uhr). Im Zentrum des geruhsamen Kurorts wurde das Neue Schloss (heute Behördensitz) 1792–1793 im Barockstil aus Sandstein erbaut. Promenieren kann man im Kurpark im Mümlingtal mit seinen zwei Seen.

i **Kurgesellschaft,** Elisabethenstr. 13, 64732 Bad König, Tel. 0 60 63/5 78 50, www.badkoenig.de

*Erbach ⑳

Im Herzen des Odenwaldes stößt man auf Schritt und Tritt auf den Namen der Grafen zu Erbach-Erbach, die mehrere Jahrhunderte lang bis 1806 die Geschichte der Region bestimmten. Ihr ***Schloss** – 2006 vom Land Hessen gekauft – bildet heute den Mittelpunkt und die bedeutendste Sehenswürdigkeit der Kreisstadt Erbach (13 900 Einw.). Die ursprüngliche Burg aus dem 12. Jh. wurde 1736 teils abgebrochen, um Platz für das Schloss zu schaffen. Um 1900 wurde es mit Säulen und Simsen neobarock gestaltet. Lediglich der Bergfried stammt noch von der ersten Burg. Der letzte regierende Graf Franz I. (1754–1823) legte den Grundstein zu den überaus wertvollen und vielseitigen *Sammlungen: griechische und römische Skulpturen in eigens dafür geschaffenen Räumen, eine Antikensammlung mit den Büsten nahezu aller großen römischen Kaiser, eines der berühmtesten Original-Bildnisse von Alexander dem Großen, chinesisches Porzellan und ostasiatische Keramik, Louis-XVI-Möbel und Einrichtungen aus dem 19. Jh., Waffen und Rüstungen sowie eine Hirschsammlung mit kapitalen Geweihen. Von der gräflichen Jagdleidenschaft zeugt auch das Afrikanische Jagdmuseum (Führungen März–Okt. Mo–Fr 11, 14, 16 Uhr, Sa, So/Fei 11, 14, 15, 16 Uhr).

An dem von der imposanten Schlossanlage dominierten Marktplatz befindet sich auch das 1545 erbaute **Alte Rathaus,** heute Touristik-Zentrum.

Zweiter Höhepunkt Erbachs ist das ***Deutsche Elfenbeinmuseum** (s. Exkurs, S. 74), das weltweit als einziges Spezialmuseum dieser Art gilt. In ihm sind über 2000 Exponate aus vielen Jahrhunderten ausgestellt, sowohl Meisterwerke der Elfenbeinschnitzerei aus anderen Ländern besonders chinesische und japanische Kunstwerke höchster Qualität und feinster Ausführung – als auch Werke aus Erbach sowie Gegenwartsarbeiten junger Künstler. Mehrmals täglich wird in einer Demonstrationswerkstatt vorgeführt, wie Elfenbein und andere Materialien bearbeitet werden. Da Elfenbein aus Artenschutzgründen nicht mehr neu beschafft werden kann, arbeiten die Künstler heute mit noch vorhandenen Restbeständen sowie mit Mammutknochen aus dem sibirischen Permafrost, die in genügender Menge zur Verfügung stehen. Auch argentinische Rinderknochen, Samen der Elfenbeinpalme, Hartholz und ähnliches Material dienen als Ersatz-Werkstoffe (tgl. 10–17 Uhr, Nov.–Febr. Mo geschl.).

2 Karte Seite 64

Für die Sammlungen im Schloss und das Elfenbeinmuseum gibt es an beiden Kassen vergünstigte Kombitickets.

Touristik-Zentrum, Marktplatz 1, 64711 Erbach, Tel. 0 60 62/9 43 30, www.erbach.de

2
Karte Seite 64

Hotel Wappenstube, Schlossgraben 30, Tel. 22 36, www.wappenstube.de. Sehr persönlich geführtes Haus am Schlossgarten. Stilvolle, gemütliche Zimmer im historischen Gasthaus, große und luxuriös ausgestattete in der angeschlossenen ehemaligen Hofreite. ❍❍

Michel's Restaurant im Gasthaus zum Hirsch, Bahnstr. 2, Tel. 35 59. Gegenüber vom Erbacher Schloss werden die Gäste im ersten Stock in liebevoll dekoriertem Ambiente verwöhnt. Die bodenständige Odenwälder Küche mit überwiegend heimischen Produkten wird durch feine italienische und französische Akzente ergänzt. Sehr abwechslungsreiche Karte mit Gerichten von Apfelweinsüpple bis Zander. ❍–❍❍

Restaurant-Café am Elfenbeinmuseum, Otto-Glenz-Str. 1, Tel. 30 17. Das direkt ans Museum angeschlossene Restaurant lädt nach Besichtigung und Vorführung rund ums Elfenbein zu einer Stärkung ein. Café-Terrasse. ❍–❍❍

Rustikale Krüge, Schalen und Teller mit alten Odenwälder Mustern wie Herz mit Blume oder Lebensbaum fertigen noch heute Bernd Döring und sein Sohn Tobias. Die älteste **Odenwälder Töpferei** blickt auf eine über 350-jährige Geschichte zurück. Odenwälder Kunsttöpferei Müller & Dönig, Bahnstr. 21, Tel. 31 85, www.odenwaelder-kunsttoepferei.de.

Wie das Elfenbein in den Odenwald kam

Kaum war Graf Franz I. zu Erbach-Erbach (1754–1823) 15 Jahre alt, wurde er von seinen Eltern zu einer »Grand Tour« geschickt. Sie dauerte sechs Jahre und führte ihn durch mehrere Länder Europas. Dabei lernte er auch die an Fürstenhöfen weit verbreitete Elfenbeinschnitzerei kennen. Nach der Rückkehr von seiner Bildungsreise ließ er im Schloss eine Drechslerwerkstatt einrichten und erlernte von einem Horndreher die Herstellung von Deckeldosen, Kannen, Leuchtern und Schalen. Um seinen Untertanen im wirtschaftlich armen Odenwald neue Perspektiven zu verschaffen, erließ der Landesherr eine verbindliche Ordnung für die Zunft der Bein- und Horndreher und führte als neuen Werkstoff Elfenbein ein. Immer mehr begabte Dreher entwickelten sich zu Kunsthandwerkern und sogar zu Künstlern. Erbach wurde zur bekanntesten deutschen Elfenbeinstadt und zählte bald zu den europäischen Zentren der Elfenbeinschnitzerei.

Übrigens betätigte sich der kunstsinnige und weitsichtige Graf auch selbst als Elfenbeinschnitzer. In einem eigenen Raum des Elfenbeinmuseums sind einige seiner künstlerisch durchaus beachtlichen Werke zu sehen, z. B. Schachspiele, Deckeldosen, Leuchter und Vasen.

Beerfelden ㉑

Die Straße steigt nun steil an und passiert den 1881 aus Sandstein erbauten **Himbächel-Viadukt,** eines der bedeutendsten Bauwerke der Odenwaldbahn. Er ist 250 m lang, bis zu 40 m hoch und überspannt mit zehn Tonnengewölben eine zum Mümlingtal führende Schlucht.

Im Zentrum von Beerfelden (7300 Einw.) entspringt der 50 km lange Fluss Mümling. Seine Quelle wurde 1810 in einem lang gestreckten **Zwölf-Röhren-Brunnen** gefasst. Eher makaber ist eine weitere Sehenswürdigkeit von Beerfelden: der 1597 errichtete, von Linden umgebene »dreischläfrige« **Galgen** auf einer Anhöhe über der Stadt (ausgeschildert). An ihm konnten gleichzeitig sechs Menschen hingerichtet werden – die letzte Hinrichtung fand 1804 statt.

Ein Riesenspektakel für die ganze Region ist der **Beerfelder Pferdemarkt.** Seit über 100 Jahren findet er am 2. Wochenende im Juli statt (Do–Mo). Das Besondere an der größten Zuchtviehschau Hessens ist die Kombination mit einem Reit- und Springturnier sowie einem Volksfest mit Kleinkunst und Feuerwerk.

i **Tourist-Information,** Seeweg 1, 64743 Beerfelden, Tel. 0 60 68/93 03 20, www.beerfelden.de

Mümling-Quelle in Beerfelden

Lindenfels ㉒

Direkt über dem heilklimatischen Kurort Lindenfels (5400 Einw.) erheben sich die mächtigen Mauern der **Burgruine,** die eindrucksvolle Rundblicke über Stadt und Vorderen Odenwald gewährt. Die Burg wurde im 12. Jh. gegründet und nie eingenommen. Als ihre militärische Bedeutung schwand, verfiel das Gemäuer und wurde 1779 abgebrochen. So manches Haus in der Stadt dürfte aus Steinen der Burg erbaut worden sein. Die Ruine eignet sich hervorragend als Kulisse z. B. für ein mittelalterliches Spektakulum im Mai, das Burg- und Trachtenfest sowie ein Klassik-Open-Air, beide im August.

Hinter der evangelischen Kirche unterhalb der Ruine steht der 20 m hohe **Bürgerturm** aus dem 14. Jh., wie die Burg als Fluchtturm erbaut. Er kann bestiegen werden.

Dank seines Klimas entwickelte sich Lindenfels zum Kurort mit Kurhaus und kleinem Kurpark. Dort erstreckt sich entlang der Burgmauern ein **Kräutergarten,** in dem seltene Heil- und Gewürzpflanzen kultiviert und erklärt werden. Das **Museum** in der Zehntscheune aus dem 18. Jh. informiert über Stadtgeschichte, Volkskunde, Handwerk und Druckereigewerbe (April–Okt. So 14.30–17 Uhr).

i **Kur- und Touristikservice,** Burgstr. 4, 64678 Lindenfels, Tel. 0 62 55/3 06 44, www.lindenfels.de

2 Karte Seite 64

Haus Karina, Seewiesenweg 21, Tel. 6 33, www.pension-karina.de. Moderne Pension mitten in einer Parkanlage mit Schwimmbad und Sonnenterrassen. Gemütliche Zimmer, reichhaltiges Frühstücksbüffet mit regionalen Spezialitäten. ❍❍

2
Karte Seite 64

Gasthaus-Pension »Zum römischen Kaiser«, Kirchstr. 17, Tel. 5 75, www.zum-roemischen-kaiser.de. Historisches Wirtshaus mit schönem Biergarten. Deftige Gerichte, teils aus eigener Herstellung, wie Kochkäse nach altem Rezept, grobe Bratwurst sowie Apfelwein, dem ein privates Museum gewidmet ist. ❍

▮ **Zum Raupenstein,** Am Raupenstein 6, Lindenfels-Winterkasten, Tel. 5 42, www.zumraupenstein.de. Hier kommen Odenwälder Spezialitäten auf den Tisch – je nach Saison Lamm-, Kartoffel- und Wildwochen. Schöne Terrasse und Wintergarten. ❍

Das Streuobst der Odenwälder Wiesen verarbeitet die vielfach ausgezeichnete **Brennerei Dieter Walz** in Lindenfels-Seidenbuch zu hochwertigen Edelbränden. Eine Spezialität ist der »Apfelwalzer«, ein Aperitif (Tel. 232 80; www.apfelwalzer.de).

*Felsenmeer Lautertal ㉓

Sowohl Granit als auch Buntsandstein bilden in mehreren Teilen des Odenwaldes mächtige Felsenmeere. Das eindrucksvollste zieht sich bei Reichenbach-Lautertal über den Hang des Felsbergs. Es ist von der B 47, der Nibelungenstraße, ausgeschildert, vom Parkplatz nach wenigen Schritten erreicht. Dort kann man auf den Steinen oder auf Wegen daneben zu einer bei gutem Wetter bewirtschafteten Hütte aufsteigen.

Steine mit Geschichte: das Felsenmeer Lautertal

Nach einer Sage wohnten auf dem Felsberg und dem Hohenstein vor undenklichen Zeiten zwei Riesen, die in Streit gerieten und sich mit Felsbrocken bewarfen. Der Hohensteiner hatte mehr Material, weshalb der Felsberger Riese unter den Blöcken begraben wurde. Manchmal soll man ihn unter den Steinen noch röcheln hören. Und am Hohenstein gibt es seitdem keine Felsbrocken mehr.

Wissenschaftlich gesehen handelt es sich bei dem Gestein, das sich in mehreren Strömen wasserfallartig über den Hang zieht, um ursprünglich glühenden Quarzdiorit, auch Hornblendegranit genannt, der beim Abkühlen Blöcke und Quader bildete. Durch Erosion kamen sie an die Erdoberfläche. Im 3. Jh. nutzten die Römer die Granitblöcke als Steinbruch.

Am Parkplatz bietet ein **Kiosk** Infomaterial über das Felsenmeer und den Geopark, es werden auch geologische Führungen veranstaltet (s. S. 7, www.informationszentrum-felsenmeer.de, www.geo-naturpark.de).

In **Bensheim** (s. S. 55) erreicht die Tour wieder die Bergstraße.

Tour 3

Burgenstraße zum Hohen Odenwald

Heidelberg → Neckargemünd-Dilsberg → *Neckarsteinach → *Hirschhorn → Eberbach → *Katzenbuckel → Schloss Zwingenberg → *Mosbach → *Burg Hornberg → Gundelsheim → *Burg Guttenberg → *Bad Wimpfen → Bad Friedrichshall (110 km)

Vom Stadtrand von Heidelberg bis Gundelsheim zeigt sich der Neckar mit all seinen Schleifen und Biegungen ausgesprochen neckisch: Ständig wechselt er die Himmelsrichtung. Ausflugs- und Freitzeitboote schippern den Fluss entlang, ab und zu zieht ein schwer beladenes Binnenschiff vorbei. Mittelalterliche Ritter und Fürsten haben an den Hängen und Engstellen dieses Tals Burgen und befestigte Städte gebaut, um den Transport von Waren zu kontrollieren und ihren Tribut zu fordern. So krönt noch heute eine Kette von Burgen und Ruinen das Neckartal. Für diese Strecke, die im mittleren Teil einen Abstecher zum Hohen Odenwald macht und tief unter der Erde in einem Salzbergwerk endet, empfehlen sich zwei bis drei Tage.

8 Das eindrucksvollste Tal des Odenwalds ist der **Neckardurchbruch.** Auf 60 km Länge hat sich der Fluss in engen Schlingen seinen Weg von Gundelsheim bis Heidelberg durch den Odenwald gebahnt, sich bis zu 200 m tief in den Sandstein eingefräst, gesäumt von steilen, zum größten Teil dicht bewaldeten Hängen.

Neckargemünd-Dilsberg 24

Durch die über 1000-jährige Stadt Neckargemünd (24 200 Einw.) mit hübschen Fachwerkhäusern führt ein enges Sträßchen nach Dilsberg, das 170 m über dem südlichen Neckarufer liegt und schon vom Tal her wie eine uneinnehmbare Festung wirkt. Tatsächlich wurde das um 1200 gegründete Dilsberg wegen seiner Lage auf steiler Bergnase nie erobert. Die **Burg** allerdings verfiel, und nur ein einziges Tor führt in die Festung, deren fast komplett erhaltene Stadtmauer von stilvoll restaurierten Häusern überbaut ist. Beim Bummel durch die zwei, drei Gassen des Mini-Städtchens fühlt man sich ins Mittelalter zurückversetzt. Der Blick hinunter ins Neckartal, das Dilsberg auf drei Seiten umgibt, ist wegen des hohen Baumbewuchses allerdings nur vom Turm der einstigen Burg aus möglich, von der nur einige Außenmauern, ein Kellergewölbe mit 80 m langem Stollengang und 35 m tiefem Burgbrunnen erhalten blieben.

3 Karte Seite 81

i **Tourist-Information,** Bahnhofstr. 13, 69151 Neckargemünd, Tel. 0 62 23/35 35, www.neckargemuend.de

Jugendherberge, Untere Str. 1, 69151 Neckargemünd-Dilsberg, Tel. 21 33, www.jugendherberge-dilsberg.de. Hoch über dem Neckar bietet die Jugendherberge in der Stadtmauer uriges Wohnen in Ein- bis Acht-Bett-Zimmern.

Gasthaus zur Sonne, Obere Str. 14, Tel. 22 10, www.zur-sonne-dilsberg.de. Haus aus dem 17. Jh. innerhalb der Burgfeste Dilsberg. Gemütlich-rustikale Gasträume, ambitionierte badische und interna-

3
Karte Seite 81

Vier mittelalterliche Burgen sind markante Wahrzeichen von Neckarsteinach

tionale Küche, Wild aus Odenwälder Jagd. Monatlich wechselnde Themen-Schwerpunkte, z. B. Bärlauch, Spargel und Pilze. ○○–○○○

Chocolaterie im Gasthaus zur Burg, Obere Str. 12, www.das-beste-zum-schluss.de. Ein heißer Tipp für Schokoladenfans: Patissière Eva Heß stellt verführerische Schokoladen, Trüffel und Kuchen her (Verkauf an drei Nachmittagen, Termine erfragen unter Tel. 86 47 48).

Zurück im Neckartal geht es weiter auf der nördlichen Flussseite.

*Neckarsteinach ㉕

Vierburgenstadt nennt sich Neckarsteinach (4100 Einw.) zu Recht, ragen doch in halber Höhe des Steilhangs über der Stadt die Türme und Mauern von vier mittelalterlichen Burgen über den Wald. Dieses Burgenensemble wurde zwischen 1100 und 1230 vom Rittergeschlecht der Edelfreien von Steinach erbaut. Die Vorderburg ist privat bewohnt und nicht zugänglich, in der 1550 in ein Renaissanceschloss umgestalteten Mittelburg ist der Schlosshof zu besichtigen. Die älteste der vier Burgen, die Hinterburg, ist heute Ruine, doch wurde der Bergfried wieder aufgebaut und kann bestiegen werden. Für Burg Schadeck, die jüngste der vier, blieb nur noch an einem Steilhang Platz, weshalb sie den Namen Schwalbennest erhielt. Sie ist seit dem 17. Jh. Ruine; vom gesicherten Wehrgang (frei zugänglich) mit Türmchen auf beiden Seiten hat man einen eindrucksvollen Blick auf die Stadt und die Feste Dilsberg.

An der Schlossteige beginnt eine etwa 3,5 km lange, ausgeschilderte **Wanderung** zu allen vier Burgen.

Unterhalb der Burgen zwängen sich vier Kirchen in die meist schmalen, von Fachwerkhäusern flankierten Gassen der Stadt, die sich zwischen dem Fluss und dem steilen Hang das Tal entlangzieht. Aus Neckarsteinach stammt der 1152 bis 1210 urkundlich belegte Minnesänger Bligger II., dem das Nibelungenlied zugeschrieben wird. Aus diesem Grund wurde etwas erhöht über der Uferpromenade ein kleiner **Nibelungengarten** mit Skulpturen der wichtigsten Personen aus dem Nibelungenlied angelegt.

Wegen ihrer romantischen Lage am Neckar, der hier s-förmig eine 90-Grad-Doppelschleife beschreibt, ist die Stadt Ziel vieler Ausflugsschiffe. An den Anlegestellen laden mehrere Restaurants, Biergärten und Cafés zur Einkehr. Direkt am Fluss verläuft eine 5 km lange Promenade.

Der **Schwanen-Garten,** ein herrlicher Biergarten unter alten Kastanien, liegt direkt über dem Neckarufer an der Schiffsanlegestelle.

Tourist-Information, Neckarstr. 47, 69239 Neckarsteinach, Tel. 0 62 29/9 20 00, www.neckarsteinach.de

*Hirschhorn ㉖

An der engsten Schleife des gesamten Neckardurchbruchs – die Bundesstraße schneidet sie in einem Tunnel ab – klettert Hirschhorn (4000 Einw.) vom Fluss den steilen Hang zur alles überragenden Burg hinauf. Hohe Mauern schützen die Stadt vor dem Neckar-Hochwasser, das immer wieder die Uferstraße überflutet. Um den geringen Platz zwischen Berg und Fluss auszunutzen, wurden einige Häuser direkt auf oder an der Mauer erbaut, darunter das Alte Rathaus, ein prächtiges Fachwerkgebäude aus dem 17. Jh. Enge, bei Hochwasser verschließbare Durchlässe führen durch die Mauer in die Gassen und zur parallel zum Tal verlaufenden Fußgängerzone **Hauptstraße.** Schnitzereien und

Die Ersheimer Kapelle ist die älteste Kirche im unteren Neckartal

alte Inschriften zieren viele der sehenswerten Fachwerkhäuser aus dem 16. Jh. Wo sich die Straße zum Marktplatz erweitert, blieb ein **Stadttor** von 1391 mit dem Wappen der Stadtherren – einem springenden Hirsch – erhalten. Der Torturm dient gleichzeitig als Kirchturm der 1730–1731 erbauten Marktkirche. Durch das Tor kommt man in die Klostergasse, die zum ehemaligen Karmeliterkloster hinauf führt. Die neu restaurierte gotische **Karmeliterkirche** enthält Wandmalereien aus dem 15. Jh.

Atemberaubend steile Treppen und Gassen führen hinauf zur weitläufigen ***Burg** der ehemaligen Herren von Hirschhorn, heute Schlosshotel. Mit ihrem Bau wurde im 13. Jh. begonnen, im 14. Jh. entstand aus dem Bergfried der weithin sichtbare schlanke Hexenturm. Der zur Kernburg gehörige neue Renaissancepalas mit reich dekoriertem Volutengiebel stammt von 1583. Südlich davon liegen zwei Vorburgen. Eine mächtige Schildmauer zum Berg hin sowie ein quadratischer Mauerring schützen die Burg.

Jenseits des Neckars, nach der Schleusenbrücke gleich links, erreicht man nach einigen hundert Metern an der Spitze der Neckarschleife ein besonderes Kleinod, die 773 erstmals erwähnte ***Ersheimer Kapelle.** Die heu-

3 Karte Seite 81

tige Friedhofskirche St. Nazarius und Celsus entzückt durch ausdrucksstarke Fresken aus dem 14. Jh., wie einen Apostelfries und die Darstellung von König David und den Propheten. 1517 erhielt die Kirche einen spätgotischen Chorbau mit Sterngewölbe. Von der einstigen Ausstattung sind noch ein kleines Sakramentshäuschen sowie gotische Schnitzereien und Plastiken vorhanden. Beim Verlassen der Kirche sollte man auf einen kleinen Sandsteinkopf rechts an der Wand achten – nach örtlicher Überlieferung ein Porträt des Baumeisters. An der Nordwand beeindruckt eine spätgotische Ölbergdarstellung.

3 Karte Seite 81

Tourist-Information, Alleeweg 2, 69434 Hirschhorn, Tel. 0 62 72/17 42, www.hirschhorn.de

Schlosshotel Hirschhorn, Auf der Burg, Tel. 9 20 90, www.schlosshotel-hirschhorn.de. Fürstlich wohnen in stilvollen Zimmern der ehemaligen Burg mit großartigem Neckarblick, sehr gute Küche in festlichem Ambiente und auf der Terrasse über der Stadt (an lauen Abenden bis spät in die Nacht bei Kerzenschein). ○○○

Gasthaus & Pension zum Lamm, Hauptstr. 39, Tel. 92 02 33, www.zumlamm-hirschhorn.de. Direkt in der Fußgängerzone der historischen Altstadt. Deutsche Küche und polnische Spezialitäten. Einfache, freundliche Zimmer. Für Radler steht ein Fahrradkeller zur Verfügung. ○–○○

Eberbach ㉗

Reste der Stadtmauer umgeben den historischen Kern des mittelalterlichen Eberbach (15 400 Einw.). 1227 erhielt die noch ältere Ansiedlung unter Stauferkönig Heinrich VII. Stadtrechte. In der Altstadt wechseln sich Fachwerkfassaden mit Sgraffiti-Fronten ab (siehe Exkurs). Besonders schön die Prunkseite des **Hotels Karpfen** am Alten Markt, wo der Eberbacher Künstler Richard Hemberger 1934 die Geschichte der Stadt in 14 Bildern festhielt.

Vier **Türme** prägen das Bild von Eberbach. Ältester ist der runde Rosenturm aus dem 13. Jh. an der Nordostecke, etwas jünger der Pulverturm im Nordwesten der historischen Stadtbefestigung. Am zierlichsten wirkt der Blaue Hut im Südosten aus dem 14. Jh. Er hat seinen Namen von der mit blauschwarzem Schiefer gedeckten Dachhaube. Schließlich wäre da noch der Haspelturm am Lindenplatz im Stadtzentrum: In das lichtlose

Kratzputz als Hausschmuck

Sgraffito (ital. sgraffare, kratzen) bezeichnet eine Technik der Fassadengestaltung, bei der auf Rauputz zwei verschiedenfarbige Schichten aufgetragen werden. Durch das Hineinkratzen von Linien und Flächen wird der Kratzgrund sichtbar. Diese Technik wird seit dem 13. Jh. in Deutschland als Volkskunst angewandt. In Eberbach finden sich außer am Hotel Karpfen weitere Sgraffiti am Gasthaus Krabbenstein. Hier wurden u. a. alte Eberbacher Berufe verewigt.

Untergeschoss wurden einst Gefangene mit einer Haspel (Seilwinde) hinabgelassen. Heute sind im Turm die Ausstellungsräume des **Zinnfigurenkabinetts,** das in Dioramen Szenen von den Sauriern über die Steinzeit und die Kelten bis zur Neuzeit zeigt (15. Mai–15. Okt. Mi und Sa 15–17, So 14–17 Uhr).

Wahrzeichen von Eberbach ist die Ende des 19. Jhs. erbaute Pfarrkirche **St. Johann Nepomuk** im Stil der italienischen Renaissance mit Doppeltürmen und reich gegliederter Fassade.

Unmittelbar neben dem Pulverturm hat im mächtigen Thalheim'schen Haus, dem ältesten Gebäude der Stadt, das **Informationszentrum des Naturparks Neckartal-Odenwald** seinen Sitz. Mit Schautafeln und Broschüren werden die Besucher an die natürlichen Grundlagen der Landschaft herangeführt und mit der Kultur- und Landschaftsgeschichte des Gebiets vertraut gemacht (Mo–Fr 8.30–12, 14.30–17.30, Sa 8.30 bis 12 Uhr; Nov.–April Fr nachmittags und Sa geschl.). Auch die **Tourist-Information** befindet sich in diesem Gebäude.

Eberbach hat sich als **Bärlauchmetropole** einen Namen gemacht. Im März und April steht der Waldknoblauch bei Gastronomen, Metzgern und Bäckern hoch im Kurs, die immer neue Bärlauchrezepte kreieren. Außerdem werden Führungen, Kochkurse und Pauschalangebote rund um das würzige Pflänzchen angeboten.

3 Karte Seite 81

Tourist-Information,
Kellereistr. 36, 69412 Eberbach,
Tel. 0 62 71/48 99, www.eberbach.de

Hotel zum Karpfen, Am Alten Markt 1, Tel. 7 10 15, www.hotel-karpfen.com. Prächtiges, mit Sgraffiti dekoriertes Haus, seit 200 Jahren im Familienbesitz. Mit viel Liebe zum Detail stilsicher eingerichtete Zimmer, teils im angegliederten Fachwerkhaus. Festlich-heitere Gasträume. Saisonale Küche, Bärlauch-, Pilz- oder Wildspezialitäten. ❍❍

Victoria-Café, Friedrichstr. 5–9, Tel. 20 18, www.cafe-victoria.de. Traditionshaus, berühmt für köstliche Champagner-Trüffel, Gebäck und Torten, darunter insbesondere die »Victoria-von-Eberbach-Torte« (siehe Exkurs). Im Sommer auch schattiger Innenhof an der Stadtmauer und Straßencafé. ❍–❍❍

3 Karte Seite 81

*Katzenbuckel ㉘

626 m hoch und damit fast 500 m über dem Neckar erhebt sich bei Waldbrunn (5000 Einw.) der Katzenbuckel, der höchste Berg des Odenwaldes.

Die Königstorte macht ihrem Namen alle Ehre

Die Anfahrt ist von Eberbach aus beschildert. Die Basaltkuppe überragt die umgebende Buntsandsteinfläche um gut 100 Meter. Der Berg mit einem Durchmesser von etwa 1000 Metern ist der Rest eines längst erloschenen Vulkans.

In einem aufgelassenen Basaltsteinbruch am Beginn des Aufstiegs schmiegt sich dunkelgrün schimmernd ein See zwischen die Steinbruchwände und die umgebenden Wälder. Auf dem Gipfel wurde 1820 ein 18 m hoher ***Aussichtsturm** er-

Queen Victoria und die Königstorte

Dichtung und Wahrheit ranken sich um die Geburt von Queen Victoria I. – zumindest in Eberbach. Herzog Eduard von Kent und seine schwangere Gemahlin Victoria Luise sollen 1819 im Thalheim'schen Haus geweilt haben, als bei der Herzogin die Wehen einsetzten. Da eine Geburt auf deutschem Boden unmöglich war – schließlich hatten blaublütige Briten auf englischem Hoheitsgebiet zur Welt zu kommen – habe man kurzerhand ein Schiff auf dem Neckar zu »englischem Boden« erklärt. Dort sei dann die spätere Queen Victoria I., Königin von England und Irland, zur Welt gekommen. Die mächtige Monarchin also fast eine Eberbacherin? Jedenfalls gelang dem pfiffigen Konditormeister Heiner Strohauer 1962 mit der Kreation der auf Anhieb beliebten Victoria-Torte ein großer Wurf. Selbst Queen Elizabeth II. soll von dieser lecker-luftigen Schoko-Biskuit-Sahne-Orangen-Rum-Spezialität genascht haben, die heute – mit dieser kleinen Geschichte als Beigabe – in alle Welt verschickt wird.

Schloss Zwingenberg

baut, der bei klarer Sicht Fernblicke über den Odenwald, den südlich anschließenden Kraichgau, den Schwäbischen Wald bis zum Stuttgarter Fernsehturm und sogar zum Schwarzwald gewährt.

An der Turmschenke beginnt der ***Weg der Kristalle,** ein etwa 1,5 km langer mineralogischer Lehrpfad. In leicht verständlicher Sprache und mit anschaulichen Grafiken erhält der Wanderer Einblicke in die geologischen und mineralogischen Besonderheiten des erloschenen Vulkans. Der Weg, für den eine gute Stunde erforderlich ist, führt am Katzenbuckelsee vorbei bis zum Gipfel. Der größte Teil eines weiteren, 2 km langen Rundwegs ebenfalls ab der Turmschenke (Wanderparkplatz) verläuft auch über den Lehrpfad.

Für eine größere Wanderung bietet sich ein 6,5 km langer **Rundweg um den Katzenbuckel** an, der am Wanderparkplatz beginnt.

Tourist-Information, Alte Marktstr. 4, 69429 Waldbrunn, Tel. 0 62 74/93 02 12, www.waldbrunn-odenwald.de

Beim Luftkurort Waldbrunn liegt das **Familienferiendorf Waldbrunn,** Tel. 0 62 74/9 10 90. In den 190 Bungalows für vier bis sechs Personen können Familien preisgünstig zu jeder Jahreszeit Urlaub in ruhiger Umgebung machen. Für die Freizeitgestaltung bieten sich Hallenbad, Sauna, Sport- und Spielplätze, Reit- und Wandermöglichkeiten an. ○–○○

Restaurant Turmschenke, Katzenbuckelstr. 28, 69429 Waldbrunn-Waldkatzenbach, Tel. 0 62 74/3 83, www.turmschenke.de. Ausflugsrestaurant direkt unter dem Gipfel des Katzenbuckels mit regional-saisonaler Küche, Grünkernspezialitäten, Odenwälder Wildschwein. Auch Hotelbetrieb (guter Ausgangspunkt für Wanderungen über Odenwaldhöhen). ○–○○

Für die Weiterfahrt stehen drei Strecken zur Wahl: Rückfahrt über Eberbach, Abfahrt durch Schöllbrunn nach Neckargerach oder über Wagenschwend direkt nach Mosbach. Bei den beiden letzten Varianten wird Schloss Zwingenberg nicht berührt – was insofern zu verschmerzen ist, als das Schloss nur im Rahmen von Gruppenführungen zugänglich ist.

Schloss Zwingenberg ㉙

Zu den beeindruckendsten Festungen im Neckartal gehört Schloss Zwingenberg, markant über der Talstraße und der kleinen Ansiedlung Zwingenberg gelegen. Die sehr gut erhaltene Anlage stammt aus dem 13. Jh. und wurde vor allem im 15. Jh. ausgebaut. Das Schloss wird von Prinz Ludwig von Baden bewohnt und kann nur nach Voranmeldung besichtigt werden. Aber auch von fern, vor allem von der gegenüber liegenden Neckarseite, wirkt Zwingenberg wie ein Dornröschenschloss.

3 Karte Seite 81

Seit 1983 finden zwischen Ende Juli und Ende August **Schlossfestspiele** statt, zu deren Pflichtprogramm nahezu immer Carl Maria von Webers Oper »Der Freischütz« gehört. Der Komponist wurde auf dem Schloss zu dieser Oper inspiriert (s. Exkurs unten). Der Schlosshof mit ausgezeichneter Akustik bietet Platz für 800 Gäste.

Gleich hinter dem Schloss beginnt ein Wanderpfad durch die wildromantische **Wolfsschlucht.** In die steil Richtung Katzenbuckel aufsteigende, enge Klamm fällt wegen des dichten Schluchtwaldes kaum Sonnenlicht. Für eine Wanderung ist gutes Schuhwerk erforderlich.

3 Karte Seite 81

i **Markgräflich Badisches Forstamt,** 63439 Zwingenberg, Tel. 0 62 63/41 10 10, www.schloss-zwingenberg.de. Schlossbesichtigung nur nach Voranmeldung.

*Mosbach ㉚

Mosbach (25 000 Einw.) gehörte ab 1410 zur Kurpfalz und war im 18. Jh. bis zur Eingliederung ins Großherzogtum Baden 1806 das größte der rechtsrheinischen pfälzischen Oberämter. Aus jener Zeit stammt das historische Stadtbild mit seinen ungewöhnlich prächtigen Fachwerkhäusern. Den Höhepunkt bildet der **Marktplatz,** wo das ***Palm'sche Haus** als einer der schönsten Fachwerkbauten Deutschlands gilt. Es wurde 1610 erbaut und begeistert mit seinem überaus prachtvollen Renaissance-Fachwerk, das auch den bis zum Dach reichenden Erker schmückt. Zwei bärtige Neidköpfe an einer Holzrosette sollen vor bösen Geistern schützen. Ebenfalls

Eine Hochburg des Fachwerkbaus: das Städtchen Mosbach

Carl Maria von Weber und die Wolfsschlucht

1810 weilte der Komponist Carl Maria von Weber in Heidelberg und besuchte auch Schloss Zwingenberg und die Wolfsschlucht. Die Stimmung in der düsteren Klamm soll ihn zur Wolfsschluchtszene im 2. Akt seiner Oper »Der Freischütz« inspiriert haben.

»In der Schlucht sind unheildrohende Zauberformeln unsichtbarer Geister bei bleichem Vollmond zu hören«, schreibt Reclams Opernführer. »Kaspar ruft Samiel, die Verkörperung des Bösen, herbei. Er will ihm Max als neues Opfer zuführen, um so sein eigenes, an den ›schwarzen Jäger‹ verpfändetes Leben zu retten. Sechs treffsichere Freikugeln soll Max dafür erhalten, eine siebente soll Samiel lenken. ... Von Kugel zu Kugel steigert sich eine grauenerregende Bewegung in der Natur, bei der siebenten tobt ein Sturm und bebt die Erde. Samiel erscheint, der Blitz schlägt ein – und Stille. Die beiden Jäger liegen wie tot am Boden.«

Wenn diese Szene bei den Festspielen vor der Kulisse des beleuchteten Schlosses gespielt wird, womöglich ein Nachtwind durch die Bäume rauscht und Webers dramatische Musik die Spannung steigert – dann rieselt so manchem Zuschauer ein Schauer über den Rücken.

Anton
Palm

imposant erhebt sich gegenüber das 1558/59 im Stil der Renaissance erbaute **Rathaus** mit Staffelgiebel und wuchtigem Turm, der einen schönen Blick über die Stadt bietet.

Von Mai bis September ist im Rahmen der Stadtführung mittwochs um 14.30 Uhr der **Aufstieg auf den Rathausturm** möglich.

3 Karte Seite 81

Die spätgotische **Stiftskirche St. Juliana** am Marktplatz wurde im 14. Jh. von Benediktinern des damaligen Klosters erbaut. Infolge der Kurpfälzer Religionsdeklaration wurde sie 1708 als Simultankirche mit einer Mauer in den katholischen Chor und das evangelische Kirchenschiff geteilt. In der schlichten Kirche befinden sich mehrere sehenswerte Grabplatten, darunter ein Bronzerelief der 1444 gestorbenen Pfalzgräfin Johanna.

Ist das Palm'sche Haus das schönste, so gilt das **Salzhaus** als das älteste Fachwerkhaus von Mosbach. Um 1450 errichtet, diente es vermutlich als Salzlagerhaus. Das **Schloss** am südlichen Rand der Altstadt geht auf das 14. Jh. zurück, sein heutiges romantisches Aussehen mit Erkern, Fachwerk und Zwerchgiebeln ist einem Umbau von 1898 zu verdanken.

Am anderen Stadtende verdient das schmale **Haus Kickelhain** Aufmerksamkeit, das mit 52 m² Wohnfläche, verteilt auf drei Etagen, einem Puppenhaus gleicht. Es ist mit seiner Ausstellung zur bäuerlichen und kleinbürgerlichen Wohnkultur heute Teil des **Stadtmuseums,** das u. a. Mosbacher Fayencen und ländliche Gebrauchskeramik zeigt sowie die Geschichte des Druckgewerbes mit historischen Geräten darstellt (April bis Okt. Mi und So 15–18 Uhr).

Ein spitz zulaufendes Schuhpaar auf dem Straßenpflaster markiert den historischen Rundgang **1000 Schritte durch die Altstadt,** der zu zwölf wichtigen Besichtungspunkten von Mosbach führt und mit Informationstafeln nicht nur über Gebäude, sondern auch über spezielle Themen wie Altstadtsanierung, sehenswerte Brunnen und die Brautradition der Stadt informiert.

Das Lumpenglöckle von Mosbach

Jeden Abend um 22.45 Uhr ertönt vom Turm des Rathauses ein helles Bimmeln. Es erinnert seit 500 Jahren an die glückliche Rettung der Pfalzgräfin Johanna, die sich bei einem Spaziergang im tiefen Wald verirrt hatte und nicht mehr nach Hause fand. Vergeblich schickte der verzweifelte Pfalzgraf Suchmannschaften aus. Da kam ihm die rettende Idee: Er ließ die Glocke der Kirche läuten, die damals an der Stelle des heutigen Rathauses stand. Die Pfalzgräfin hörte das Glöcklein und fand nach Mosbach in die Arme ihres glücklichen Mannes zurück. Wegen der Tränen der Gräfin erhielt die Bimmel den Namen »Weinglocke«.

Im Lauf der Zeit bezogen die Menschen diesen Namen auf den edlen Traubensaft. Sie glaubten, die Glocke läute wegen der Zecher, die trunken vom Wein nicht nach Hause finden. Und so heißt die Glocke seit langem »Lumpenglöckle«.

Beim Stadtbummel stößt man öfters auf originelle Brunnen, z. B. den **Kandelschuss,** in dem der aus zwei Quellen gespeiste Kandelbach mit hoher Geschwindigkeit in einen Trog schießt, oder den **Kiwwelschisserbrunnen.** Kiwwel bedeutet Kübel und ist ein Spitzname für die Mosbacher.

Tourist Information, Am Marktplatz 4, 74821 Mosbach, Tel. 0 62 61/91 88 11, www.mosbach.de

Hotel Schwanen – Café Walther, Schlossgasse 8–10, Tel. 9 34 40, www.hotel-in-mosbach.de. Schönes Fachwerkhaus in der historischen Altstadt. Moderne oder romantische Zimmer und Hochzeitssuite, teils mit traumhaftem Blick auf den Markt mit Rathaus und Fachwerkensemble. OO

Zum Amtsstüble, Lohrtalweg 1, Tel. 9 34 60, www.amtsstueble.de. Neues, modern eingerichtetes Haus, wenige Gehminuten von der Altstadt entfernt. Komfortable Zimmer, Wellnessbereich. OO

Zum Ochsen, Im Weiler 6, Mosbach-Nüstenbach, Tel. 1 54 28, www.restaurant-zum-ochsen.com. Stilvolles Haus in Mosbachs ältestem Stadtteil. Mit viel Liebe zum Detail eingerichtete Gasträume voller Antiquitäten; romantisches Gartenrestaurant mit Pavillon. In vielen Gourmetführern gelobte regionale und saisonale Küche, Spezialitäten vom Odenwälder Lamm. OO–OOO

Mosbacher Brauhaus, Eisenbahnstr. 18, Tel. 3 69 69, www.mosbacher-brauhaus.de. Rustikale Hausbrauerei. Die Brauanlage ist in den Gastraum integriert. Deftige, zum Bier passende Speisen. Großer Biergarten und Wintergarten für kühle Tage. O–OO

Burg Hornberg war langjähriger Verbannungsort von Götz von Berlichingen

3 Karte Seite 81

*Burg Hornberg ㉛

Hoch über dem kleinen Ort Neckarzimmern (1600 Einw.) erheben sich an der höchsten Stelle eines ausgedehnten Weinbergs die Türme und Mauern von Burg Hornberg. Sie wurde 1184 beurkundet. Götz von Berlichingen verbrachte hier 45 Jahre seines Lebens bis zu seinem Tod mit 82 Jahren im Jahr 1562, weshalb Hornberg zumeist Götzenburg genannt wird.

Der Ritter mit der Eisernen Hand, Haudegen und Anführer im Bauernkrieg gegen Fürsten und Bischöfe, hatte die Burg 1517 gekauft. Nach dem Sieg über die Bauern sollte er hingerichtet werden, doch wegen seiner großen Popularität wurde er zu lebenslangem Hausarrest auf dem Hornberg begnadigt. Goethe nahm die Geschichte als Vorlage zu seinem Drama »Götz von Berlichingen«.

Im unteren Teil der weitläufigen Anlage befinden sich Wirtschaftsgebäude sowie ein renommiertes Hotel und Restaurant mit Aussichtsterrasse. Die eigentliche **Götzenburg,** seit der Zerstörung durch die Franzosen 1688 Ruine, liegt an der höchsten Stelle der Anlage. Reizvoll ist das umfangreiche,

Götz gewidmete Museum, in dem u. a. die berühmte eiserne Hand ausgestellt ist (tgl. 9–17 Uhr).

Bürgermeisteramt, Hauptstr. 4, 74685 Neckarzimmern, Tel. 0 62 61/9 23 10, www.neckarzimmern.de

Hotel-Restaurant Burg Hornberg, Tel. 50 01, www.burghotel-hornberg.de. Gepflegtes Speisen im Panorama-Restaurant mit großartigem Blick über das Neckartal, Wandmalereien mit drastischen Turnierszenen, Spezial-Arrangements mit Rittermahlen. Café-Aussichtsterrasse und Bewirtung im Burghof unter alten Kastanien. ○○–○○○

3 Karte Seite 81

Gundelsheim ㉜

Fast ohne Übergang weitet sich das Neckartal und gibt den Blick auf das mächtige **Schloss Horneck** in Gundelsheim (7600 Einw.) frei. Es ist nach dem Heidelberger Schloss das zweitgrößte am Neckar und stammt ursprünglich aus dem 12. bis 15. Jh. 1438 wurde Horneck Sitz der Deutschmeister, die jedoch nach der teilweisen Zerstörung des Schlosses im Bauernkrieg 1525 ihre Zentrale nach Bad Mergentheim verlegten. 1724 bis 1728 wurde das Schloss im Renaissance-Stil wieder aufgebaut und später als wuchtiger Kastenbau umgestaltet, in dessen Mitte ein mächtiger Bergfried aufragt. Das in hellem Gelb leuchtende Schloss gehört heute der Landsmannschaft der Siebenbürger Sachsen, ihr Museum vermittelt Einblicke in Geschichte und Brauchtum dieser Landsmannschaft (Di–So 11 bis 17 Uhr). Die übrigen Räume des Schlosses sind allerdings nicht öffentlich zugänglich.

Schloss Horneck – zweitgrößte Schlossanlage am Neckar

Die mittelalterliche **Altstadt** mit ihren gepflasterten Gassen und den vielen Fachwerkhäusern besitzt ein anheimelndes Flair.

Tourist-Information siehe Bad Wimpfen (s. S. 91).

Hotel-Restaurant Zum Lamm, Schlossstr. 25, Tel. 4 20 20, www.lamm-gundelsheim.de. Im mächtigen Fachwerkbau herrscht Fritz Schmid – hochdekorierter Küchenmeister, Hotelier, Poet und leidenschaftlicher Oldtimersammler mit eigenem Museum. Der Chef zaubert schwäbische und internationale Spezialitäten auf den Tisch, von Maultaschen bis Entenbrüstchen, Lachs oder Wild aus heimischer Jagd. Im Hotel schlummert man edelländlich unter Original-Stuck- oder Balkendecken. ○○–○○○

*Burg Guttenberg ㉝

Jenseits des Neckars erhebt sich die zu Haßmersheim (5000 Einw.) gehörende Burg Guttenberg, die in der

Stauferzeit um 1200 zur Sicherung der Kaiserpfalz Wimpfen (s. S. 90) erbaut wurde und seit mehr als 550 Jahren von den Freiherren von Gemmingen – inzwischen in der 17. Generation – bewohnt wird. Als eine der wenigen Staufer-burgen blieb sie mit ihrer Schildmauer und dem Bergfried unzerstört erhalten und wurde im Laufe der Zeit in ein wohnliches Schloss umgewandelt.

Im ***Burgmuseum,** durch das der Schlossherr manchmal persönlich führt, erleben die Besucher eine Zeitreise durch die Jahrhunderte und erfahren beispielsweise, wie ein Mann zum Ritter wurde, wie der Alltag auf einer Burg aussah und welche Rolle die Frauen in der mittelalterlichen Gesellschaft spielten. Eine interessante Besonderheit des Museums ist die kostbare ***Holzbibliothek** mit vielen Dutzend Bänden, in denen kleine Kästchen alle botanischen Merkmale der jeweiligen Holzart vom Samen über die Wurzeln und Zweige bis zu den Früchten und Blättern enthalten.

9 In den Zwingeranlagen der Burg Guttenberg hat die **Deutsche Greifenwarte** ihren Sitz. Aus nächster Nähe können etwa 100 Greifvögel wie Adler oder Geier sowie Eulen beobachtet werden, die zweimal täglich bei Flugvorführungen zeigen, wie sie sich trotz ihrer Größe elegant durch die Lüfte schwingen. Die Greifenwarte ist gleichzeitig Zucht- und Forschungsstation für die Erhaltung und Auswilderung bedrohter Arten. Schautafeln und Ausstellungen informieren über heimische Greifvögel, Auswilderungserfolge und 10 000 Jahre Adlerkult in fremden Kulturen (Burg und Greifenwarte April–Okt. tgl. 9–18, März und Nov. 12–17 Uhr. Flugvorführungen April–Okt. tgl. 11 und 15 Uhr, März und Nov. nur 15 Uhr).

i **Burg Guttenberg,** 74855 Haßmersheim-Neckarmühlbach, Tel. 0 62 66/2 28, www.burg-guttenberg.de
Deutsche Greifenwarte, Burg Guttenberg, Tel. 3 88, www.greifenwarte.de

In der **Burgschenke,** Tel. 2 28, mit schöner Aussicht auf das Neckartal reichen Ritter und Burgfräulein in historischen Gewändern Speis und Trank. Zu bestimmten Terminen und für Gruppen werden Rittermahle, Ritterspiele und mittelalterliches Varietee mit Gauklern, Narren und Musikanten veranstaltet. ○–○○

3 Karte Seite 81

*Bad Wimpfen 34

Die alte Kaiserpfalz Bad Wimpfen (6900 Einw.) zählt zu den Höhepunkten der Neckartour. Schon die Stadtsilhouette hoch über dem Neckar, wo die Türme, Dächer und Mauern über den Hangwald hinausragen, ist einzigartig. Vor der Auffahrt lohnt die ***Stiftskirche St. Peter** in Bad Wimpfen im Tal einen Besuch. Sie gehörte zu einem ab dem 10. Jh. existierenden Stift einflussreicher adliger Chorherren. Von der Stiftskirche aus dem 11. Jh. blieb die romanische Westfassade erhalten. Der ab 1269 entstandene Neubau, eine dreischiffige Basilika mit Seitentürmen und frühgotischem Chor, lässt Verbindungen zum Straßburger Münster erkennen. Mit ihrem Nebeneinander von romanischem Westwerk und hochgotischem Chor sowie reichem plastischem Schmuck gilt die Ritterstiftskirche als eines der wertvollsten sakralen Bauwerke in Baden-Württemberg.

Als Privileg des damaligen Ritterstifts wurde 965 der Wimpfener Talmarkt gegründet, heute das größte

Die staufische Kaiserpfalz Bad Wimpfen – wichtiger Stützpunkt für Könige und Kaiser

3 Karte Seite 81

Volksfest der Region, das immer fünf Tage um das erste Juliwochenende herum dauert.

Oben auf der Höhe gründeten die Staufer im 12. Jh. eine ****Kaiserpfalz,** die größte nördlich der Alpen. Solche Stützpunkte waren im mittelalterlichen Reich nötig, weil es keine Hauptstadt kannte und die Könige und Kaiser von Pfalz zu Pfalz zogen, um ihre Präsenz zu zeigen und Recht zu sprechen. Von Heinrich VI. sind drei Aufenthalte in Wimpfen nachweisbar, Friedrich II. war acht Mal hier. Vom Palas blieb eine einzigartige Fensterfront mit romanischen Rundbögen über kleinen Säulen erhalten. Begrenzt wurde die Pfalz vom Roten Turm, der bei Stadtführungen besichtigt werden kann, und vom markanten ***Blauen Turm,** der 1848 ein spitzes Zeltdach mit vier Türmchen an den Ecken erhielt. Hier wohnt in luftiger Höhe Deutschlands einzige Türmerin mit ihrer Familie (Turmbesteigung April-Okt. Di–So 10–18 Uhr).

Neben diesen beiden Türmen bildet die doppeltürmige ***Stadtkirche** den markantesten Teil der Stadtsilhouette. Der hochgotische Chor stammt von 1290. Das von einem mächtigen Satteldach überwölbte spätgotische, dreischiffige Langhaus, eine von schlanken Säulen getragene Hallenkirche, entstand zwischen 1489 und 1520. Aus der qualitätsvollen Innenausstattung ragt der gotische Flügelaltar mit lebensnahen Figuren besonders hervor.

Nicht nur wegen dieser Glanzlichter, sondern wegen der gesamten Atmosphäre der mittelalterlichen Stadt mit engen Gassen und kleinen Plätzen, mit mächtigen ebenso wie verspielten Fachwerkhäusern, hat sich Bad Wimpfen zu einem Besuchermagneten entwickelt. Ein besonders schönes **Fachwerkensemble** aus dem 16. Jh. mit mittelalterlichem Badehaus befindet sich im Bereich Schaf- und Klostergasse.

Im mächtigen **Steinhaus,** wahrscheinlich die Kemenate der staufischen Pfalz mit spätgotischem Staffelgiebel, hat das Historische Museum sein Domizil. Schwerpunkt ist die Geschichte der Stauferpfalz (1. April bis 15. Okt. Di–So 10–12, 14–16.30 Uhr).

Die seit fast 200 Jahren gewonnene Sole und entsprechende Kureinrichtungen führten zur Anerkennung von Bad Wimpfen als Heilbad.

Sonntag um 14 Uhr beginnt beim Gästezentrum Alter Bahnhof eine **Stadtführung** durch den mittelalterlichen Kern, Anmeldung nicht erforderlich. Jeden ersten Samstag im Monat lädt der **Nachtwächter** bei Einbruch der Dunkelheit zum stimmungsvollen Rundgang.

Eine Schweinerei auf drei Etagen bietet das **Sammler- und Glücksschwein-Museum.** Über 11 000 Exponate rund ums Schwein sind hier versammelt – ein ebenso witziges wie verwirrendes Sammelsurium der kleinen und großen Glücksbringer (Im Kronengässchen 2, Tel. 0 70 63/66 89, www. schweinemuseum.de).

Tourist-Information Bad Wimpfen & Gundelsheim, Carl-Ulrich-Str. 1, 74206 Bad Wimpfen, Tel. 0 70 63/97 20 0, www.bad-wimpfen.de

Hotel Weinmann, Marktplatz 3, Tel. 85 82, www.hotelweinmann.de. Zentral in der Altstadt gelegenes, familiär geführtes Haus mit freundlichen Zimmern. Restaurant und Café-Terrasse mit Blick auf den historischen Marktplatz. ○○

Gästehaus Sonne, Langgasse 3, Tel. 96 11 60, www.sonne-wimpfen.de. Der Fachwerkbau aus dem 16. Jh. liegt gegenüber dem Heiliggeistspital. Vom Hochzeitszimmer aus bietet sich ein herrlicher Blick über die Altstadt. Gemütliche, komfortable Zimmer. ○○

Restaurant Friedrich – Weinstube Feyerabend, Hauptstr. 74, Tel. 2 45 und 95 05 66, www.friedrich-feyerabend.de. Im historischen Fachwerkhaus liegen Weinstube und Restaurant nebeneinander. Rustikal eingerichtet ist die Weinstube, kleine Karte mit herzhaften Gerichten (○). Elegantes Ambiente und gehobene Küche im Restaurant; Fischspezialitäten. ○○–○○○

Gemütliche Weinstuben in alten Gemäuern laden in Bad Wimpfen ein

3 Karte Seite 81

Besucherbergwerk Bad Friedrichshall ㉟

200 m unter der Erde endet diese Rundfahrt: im Salzbergwerk Bad Friedrichshall-Kochendorf. Hier wird in kilometerlangen Gängen noch immer Salz abgebaut. 1,5 km Strecke wurden als – denkmalgeschütztes – Besucherbergwerk eingerichtet. Nach der Einfahrt durch den Förderschacht erleben Gäste auf dem etwa zweistündigen Rundgang bei 18 °C Lufttemperatur die Glitzerwelt des Kristallsalzes, können im Kuppelsaal monumentale Salzreliefs bewundern und über eine 42 m lange Rutsche in einen 11 m tiefer liegenden Raum sausen. Alles Wissenswerte über das weiße Gold zeigt eine Multivisionsschau im Berg. Einfahrten: 1. Mai–31. Okt. Sa, So/Fei 9.30 bis 16 Uhr, letzte Ausfahrt 17 Uhr.

Südwestdeutsche Salzwerke AG, 74177 Bad Friedrichshall-Kochendorf, Tel. 0 71 36/2 71 33 03, www.salzwerke.de

Tour 4

Madonnen, Römer und 1000 Heilige

Osterburken → **Eberstadter Tropfsteinhöhle → *Buchen → Walldürn → Odenwälder Freilandmuseum → Tauberbischofsheim → **Kloster Bronnbach → **Wertheim (85 km)

4 Karte Seite 97

Wo die bewaldeten Hochflächen des Odenwaldes in sanften Hügeln nach Osten ausschwingen, erstreckt sich das Bauland. Der Name kommt von Bauernland und weist auf die landwirtschaftliche Nutzung hin. Vor 2000 Jahren zogen die Römer hier ihre Grenzbefestigung durch dichte Wälder und Niemandsland: den meist schnurgeraden Limes. Und so stößt man auf dieser Tour in den Städten und im Gelände immer wieder auf römische Spuren, auf ausgegrabene Bäder und Kastelle, auf Fundamente von Wachtürmen und Wällen – am eindrucksvollsten in Osterburken. Die ganze Region bis hin zur Tauber gilt auch als »Madonnenländchen«, weil unzählige Madonnen Häuser, Säulen und Brunnen schmücken. Und in der Landschaft geben Bildstöcke, Kruzifixe, Kapellen und Feldkreuze Zeugnis von der starken Volksfrömmigkeit. Im letzten Abschnitt folgt die Tour dann dem engen, schlingenreichen Durchbruchstal der Tauber durch den östlichen Odenwald hin zum Main.

Man sollte die 85 km lange Strecke mit ihren vielen Sehenswürdigkeiten gemütlich angehen und zwei Tage Zeit dafür einplanen.

Osterburken ㊱

Der mittelalterliche Stadtturm überragt die ehemalige Stadtmauer. Doch eigentlich dreht sich in Osterburken (6400 Einw.) fast alles um die Römer. Sie bauten hier am äußeren Limes um die Mitte des 2. Jhs. n. Chr. einen bedeutenden Militärposten. Teile davon liegen heute unter den Gebäuden der Stadt, und noch immer findet man bei Bauarbeiten römische Grundmauern, Inschriften und vor einigen Jahren sogar einen bedeutenden Münzschatz und einen Weihebezirk. Nicht überbaut wurden dagegen die gut erhaltenen Reste eines Kastells, das sich mit mächtigen Grundmauern, Wällen und Turmfundamenten über einen frei zugänglichen Hang am Stadtrand zieht. Sie lassen die einst starke Befestigung erahnen und werden im Pavillon am Parkplatz erläutert.

10 Schon 1840 wurde ein Kastellbad entdeckt, aber nicht freigelegt. 1976 kam dann eine zweite, 25 m lange Thermenanlage ans Licht, über der sich heute das **Römermuseum** befindet. Hintereinander angeordnet sind Caldarium (Warmbad), Tepidarium (Laubad), Schwitzbad, Frigidarium (Kaltbad) und verschiedene Wasserbecken. 2006 wurde ein neues Ausstellungsgebäude eröffnet, das über Kultur und Handel beiderseits der Grenze berichtet und nicht nur römische Exponate zeigt, sondern auch Funde aus germanischen Siedlungen jenseits des Limes, beispielsweise Keramik sowie Gegenstände aus römischer Produktion wie Glas und Schmuck, was auf einen ständigen Warenaustausch schließen lässt. Das Obergeschoss widmet sich vor allem der Religion im Weihebezirk um Osterburken, zeigt auf einer 8 m breiten Leuchtwand die römischen Götter im

Informativ: Römermuseum Osterburken

Comic-Stil und gipfelt in einem großartigen Mithras-Relief (tgl. außer Mo 10–17 Uhr).

Auch im Alltag wird an die Römer erinnert: Gastwirte bieten »Römerbraten«, Bäcker kreieren Gebäck in Form von »Römerknochen« und »Römerschlappen«, so im **Gasthof Sonne,** Friedrichstr. 6, Tel. 0 62 91/81 76, oder in der **Bäckerei Trabold** am Marktplatz.

Dass Osterburken schon zum Madonnenländchen zählt, zeigt die Mariensäule vor dem freistehenden barocken Turm der Pfarrkirche St. Kilian. Künstlerisch bedeutend sind auch die Betonplastiken von Emil Wachter an dem wenige Jahrzehnte jungen Kirchenneubau daneben.

Mittelalterliches Spektakel bietet der **Histotainment Park Adventon** auf der Marienhöhe. Bei monatlich wechselnden Programmen werden zum Beispiel Wikingerfeste, Ritterturniere oder ein Historischer Handwerkermarkt veranstaltet (Tel. 01 72/7 92 46 02, www.adventon.de).

i **Stadtverwaltung,** Marktplatz 3, 74706 Osterburken, Tel. 0 62 91/40 10, www.osterburken.de

Bizarr: Eberstadter Tropfsteinhöhle

11 **Eberstadter Tropfsteinhöhle 37

Seit Jahrzehnten und bis heute wird beim Buchener Stadtteil Eberstadt in einem riesigen Steinbruch Kalk abgebaut. Dort klaffte nach einer ganz normalen Sprengung im Jahr 1971 ein 1 m hoher und 2 m breiter Spalt im Muschelkalk, hinter dem sich eine wunderbare Welt eröffnete: die Eberstadter Tropfsteinhöhle, mit 600 m begehbarer Länge eine der größten in Deutschland. Der bequeme Weg schlängelt sich stellenweise durch enge Schluchten und durchquert lichte Dome. Gewaltige Stalagmiten und Stalaktiten bilden formenreiche Tropfsteinfiguren, die Namen wie die »Weiße Frau von Eberstadt«, »Elefantenrüssel« oder »Vesuv« erhielten. Als eines der schönsten Tropfsteingebilde gilt die »Hochzeitstorte«. Geologen schätzen das Alter der Höhle und damit der Tropfsteine auf ein bis zwei Millionen Jahre. Die Temperatur in der Höhle beträgt konstant 11 °C. Im Inneren befinden sich auch ein kleiner

4 Karte Seite 97

Höhlensee und ein wachsendes Sinterbecken (März, April, Sept., Okt. tgl. außer Mo 10–16 Uhr, Mai–Aug. tgl. 10 bis 16 Uhr, Besichtigungsdauer 1 Std. Tel. 0 62 81/27 80, www.eberstadter-tropfsteinhöhle.de).

!! Die Eberstadter Tropfsteinhöhle ist auch für Rollstuhlfahrer bequem zugänglich.

Vor der Höhle beginnt ein **Geologischer Lehrpfad** mit Schautafeln zu Geologie, Landschaft und Ökologie. Einige Kilometer entfernt hat sich ein schon seit Jahrzehnten bekannter Spalt im »Hohlen Stein« als ein Höhlensystem erwiesen, das inzwischen auf 3000 m Länge vermessen und auf 5000 m geschätzt wird. Diese Höhle ist nicht öffentlich zugänglich, doch wird eine Multimediapräsentation bei der Eberstadter Tropfsteinhöhle vorbereitet.

4 Karte Seite 97

Vor der Höhle lädt ein **Ausflugsrestaurant** mit Gartenbewirtschaftung zur Einkehr ein. Tel. 0 62 92/93 01 13, Mo Ruhetag. OO

*Buchen ㊳

Hoch über der Stadt blickt der Wartturm auf das mittelalterlich wirkende Buchen (18 900 Einw.) und die Felder und Wälder am Übergang vom Odenwald ins Bauland. Großzügige Fußgängerzonen und verkehrsberuhigte Bereiche geben der historischen Altstadt einen beschaulichen, aber auch belebten Charakter. Am malerischen **Stadtturm** aus dem 14. und 15. Jh. beginnt die Hauptstraße mit zahlreichen Geschäften und Straßenlokalen. Am Torbogen schaut der **Blecker,** ein nackter, steinerner Kerl auf die Passanten. Einst sollte er vor Unheil schützen, heute dient er den Buchenern als Fastnachtssymbol.

Wahrzeichen von Buchen: Mariensäule

Die prächtig gestaltete **Mariensäule** von 1754 am **Platz am Bild** entstand in schlimmen Pestzeiten und gilt heute als Wahrzeichen des Ortes. Am Marktplatz erhebt sich das markante **Alte Rathaus,** ein 1723 errichtetes barockes Gebäude aus rotem Sandstein mit drei Torbögen, an denen »Neidköpfe« die bösen Geister fernhalten sollten. Dahinter sind die Türme der erhöht liegenden **Stadtkirche St. Oswald** zu erkennen, die ursprünglich aus dem 14. Jh. stammt und im 16. Jh. zu einer spätgotischen Hallenkirche ausgebaut wurde. Im Jahr 1958 bekam das Gotteshaus durch moderne Umgestaltung eine lichtdurchflutete Apsis, dominiert vom bunt verglasten Ornamentfenster des Künstlers Emil Wachter. Der **Narrenbrunnen** am Oberen Marktplatz zwischen Kirche und Altem Rathaus zeigt Figuren der historischen Buchener Fastnacht, beispielsweise Huddelbätz, Strohbär und Krachkapelle.

Die **Buchener Fasenacht** mit ihrer über 500 Jahre alten Tradition ließ Buchen zur Fastnachtshochburg des badischen Frankenlandes werden. Vom »Schmutzigen Donnerstag« bis Fasnachtsdienstag herrscht Ausnahmezustand. Dann sind hier die Narren los, übernehmen die Huddelbätze das Regiment und der Buchener Blecker tobt durch die Stadt. Buntes Fasnachtstreiben, Narrengericht und Rosenmontagsumzug (www.huddelbaetze.com).

Der stimmungsvolle, mit Skulpturen geschmückte **Museumshof** im östlichen Teil der Altstadt war Schauplatz eines wichtigen Ereignisses im Bauernkrieg: Hier verpflichteten die Odenwälder Bauern 1525 Götz von Berlichingen als ihren Anführer im Kampf gegen Fürsten und Geistlichkeit.

Um den Hof gruppieren sich mehrere historische Gebäude, die heute großenteils die reichhaltigen historischen und volkskundlichen Sammlungen des **Bezirksmuseums** beheimaten: der Steinerne Bau, 1493 vom Mainzer Erzbischof Berthold von Henneberg als Sommerresidenz erbaut, die Kurmainzische Kellerei, einst Verwaltungssitz des Amtskellers (Amtmanns), die Zehntscheune von 1627 und das fachwerkgeschmückte Tunzer-Haus ebenfalls aus dem 17. Jh. Hier verbrachte der deutsch-schwedische Hofkapellmeister Josef Martin Kraus (1756–1792) seine Jugend. Eine spezielle Ausstellung im Bezirksmuseum widmet sich diesem bekannten Komponisten von Symphonien und vielfältiger Kirchenmusik (April–Dez. Di–So 14–17, Mi auch 19.30–21 Uhr). An der Stadtmauer ehrt eine reizende Brunnenfigur den Künstler – hier kommen Wasserstrahlen statt Töne aus der Querflöte und plätschern in ein Becken.

Auf dem **Stadtmauerrundweg** kann man die historische Altstadt von Buchen entlang der ehemaligen Befestigungen umrunden.

Tourist-Information, Platz am Bild, 74722 Buchen, Tel. 0 62 81/27 80 oder 3 11 55, www.buchen.de

Hotel-Restaurant Prinz Carl, Hochstadtstr. 1, Tel. 5 26 90, www.prinzcarl.de. Traditionshaus in der ehemaligen Poststation an der Mariensäule. Hotelanbau des berühmten, aus Buchen stammenden Architekten Egon Eiermann. Mediterran oder modern eingerichtete Zimmer. Sehr gutes Restaurant mit saisonaler Küche, die frische Produkte verwendet. ○○–○○○

Café-Restaurant Brunnegugger, Oberer Marktplatz 1, Tel. 23 88. Direkt am Narrenbrunnen (mit Außenbewirtschaftung). Salatspezialitäten, hausgemachte Suppen, Grill- und Pfannengerichte. ○–○○

Walldürn ㊴

Der Name Walldürn (11 900 Einw.) stammt von der waldreichen Umgebung. Durch diese Wälder zogen im 2. Jh. n. Chr. die Römer ihren Befestigungswall, den Limes.

Der ausgeschilderte **Limes-Lehrpfad** südlich der Stadt führt über 5,5 km zu römischen Relikten wie freigelegten Fundamenten von Wachtürmen und einem Palisadenzaun.

Berühmt aber ist Walldürn als Wallfahrtsort zum »Heiligen Blut«, der seit über 500 Jahren Hunderttausende von

4 Karte Seite 97

Berühmte Wallfahrtsbasilika Walldürn

Pilgern anzieht. Nachdem Papst Eugen IV. 1455 das Blutwunder (siehe Exkurs) kirchenrechtlich anerkannt hatte, setzte ein überregional bedeutender Pilgerstrom ein und brachte dem bis dahin wirtschaftlich armen Städtchen bescheidenen Wohlstand. 1698–1728 wurde die ***Wallfahrtsbasilika** erbaut. Im Inneren besticht das Gotteshaus durch prächtige barocke Altäre, Deckengemälde und eine üppig ausgestatte Orgel. Schon vor dem Bau der Kirche schuf der in Walldürn geborene Künstler Zacharias Juncker 1622–1626 den Heilig-Blut-Altar aus Alabaster, ein großartiges Zeugnis der Renaissance.

Das **Stadt- und Wallfahrtsmuseum** in einem Renaissancehaus von 1588 (etwas unterhalb der Basilika, Hauptstr. 39) befasst sich mit der geschichtlichen Entwicklung seit der Römerzeit sowie mit der Wallfahrt zum Heiligen Blut (Di, Do, So 14–16 Uhr, im Winterhalbjahr geschl.).

Das 1492 von den Mainzer Fürstbischöfen erbaute mächtige **Schloss** am Rand der Altstadt ist heute Sitz städtischer Ämter.

Die Hauptstraße prägen repräsentative Gebäude, darunter das Rathaus von 1448 mit imposantem Fachwerk und das Bettendorfsche Herrschafts-

4
Karte Seite 97

Das Blutwunder von Walldürn

Es geschah anno 1330 in der ehemaligen Kapelle des heiligen Georg an der Stelle der heutigen Wallfahrtsbasilika. Aus Unachtsamkeit verschüttete der junge Priester Heinrich Otto bei einer Messe Wein aus dem Abendmahlskelch. Er tropfte auf das Korporaltuch und zeichnete dort blutrot den Leib des Gekreuzigten, umgeben von elf dornengekrönten Häuptern. (Dieses Motiv ist rund um Walldürn auf vielen Bildstöcken zu finden). Zutiefst erschrocken verbarg der Priester das Tuch unter der Altarplatte und beichtete sein Missgeschick erst Jahre später auf dem Totenbett. Man fand das Korporale mit den deutlich sichtbaren Abbildungen, und rasch verbreitete sich die Nachricht von diesem »Blutwunder«. Schon bald kamen Gläubige zur Verehrung des kostbaren Blutes nach Walldürn. 1445 wurde das Tuch mit dem noch erkennbaren Bild zu Papst Eugen IV. gebracht, der das Blutwunder kirchenrechtlich anerkannte und so die offizielle Wallfahrt begründete.

Die jährliche Hauptwallfahrtszeit dauert vier Wochen und beginnt immer am Sonntag nach Pfingsten. In dieser Zeit kommen Hunderte von Wallfahrtsgruppen, die oftmals mehrere Tage unterwegs sind. Aber auch das Jahr über reist der Strom der Gläubigen nicht ab. Besonders eindrucksvoll sind die abendlichen Lichterprozessionen.

haus von 1756, heute ein Hotel. Kontraste zum historischen Ambiente der Innenstadt bilden mehrere Skulpturen moderner Künstler, etwa der Schalkbrunnen »Narren im Gespräch« von R. Stoltz oder die Figurengruppe »Walldürner Geschichtsprozession« von C. Häringer.

Verkehrsamt, Hauptstr. 27, 74731 Walldürn, Tel. 0 62 82/ 6 71 06, www.wallduern.de

Hotel-Restaurant zum Riesen, Hauptstr. 14, Tel. 9 24 20, www.hotel-riesen.de. Stilvoll wohnen und speisen im barocken Herrschaftshaus von 1756 mit Terrasse unter alten Bäumen. Wallfahrts-Spezialmenüs. Hotel ❍❍, Restaurant (Mo Ruhetag) ❍❍–❍❍❍

Zum Burgtörle, Hauptstr. 17, Tel. 9 54 04, ww.burgtoerle.de. Preiswert essen im zentral gelegenen, rustikalen Restaurant mit Biergarten (14–17 Uhr Mittagsruhe). ❍

Café Linde, Am Plan 7, Tel. 3 33. Nahe der Wallfahrtsbasilika, Walldürner Spezialitäten (Tannenzapfen, Nüsse), eigene Pralinenherstellung und kleine Gerichte. ❍

4 Karte Seite 97

12 Odenwälder Freilandmuseum 40

Etwa 7 km von Walldürn entfernt, eröffnet das Odenwälder Freilandmuseum im Stadtteil Gottersdorf vielfältige Einblicke in die Lebens- und Arbeitswelt noch gar nicht so lange vergangener Zeiten. Die Spanne der bisher 16 dorthin versetzten Gebäude reicht vom stattlichen Großbauernhof bis zum Taglöhnerhäuschen und umfasst mehrere soziale Gruppen und Epochen. Originaleinrichtungen, Fotos und Dokumente machen deutlich, unter welchen Bedingungen bäuerliche Familien, Handwerker, Dorfhirten oder die Dorfhebammen früher lebten. Dazu gehören beispielsweise eine dörfliche Postagentur aus den 1920er-Jahren oder Holzrauchdarren zur Herstellung des Grünkerns (s. Exkurs). In einem Bauernhof wurden sogar Wandmalereien freigelegt. Das Freilichtmuseum liegt an einem ehemaligen Klosterteich aus dem 14. Jh.

An mehreren Wochenenden im Sommerhalbjahr lassen verschiedene Vorführungen alte Zeiten wieder aufleben, beispielsweise Handwerker- und Spielmannstage, historische und hauswirtschaftsgeschichtliche Präsentationen und als Höhepunkt das zweitägige Jahres- und Grünkernfest (1. April–1. Nov. tgl. außer Mo 10–18, April und Okt. bis 17 Uhr. Führungen nach Anmeldung, die Museumsschänke ist So/Fei geöffnet).

4 Karte Seite 97

i **Odenwälder Freilandmuseum,** Walldürn (Ortsteil Gottersdorf), Tel. 0 62 86/3 20, www.freilandmuseum.com

Gaststätte **Brennereistüble,** Fichtenweg 2, Walldürn-Gottersdorf, Tel. 4 10, www.ferienhof-schieser.de. Familiäre Gastronomie in der Nähe des Freilandmuseums, deftige Hausmannskost und Odenwälder Spezialitäten. Ferienwohnungen. ❍–❍❍

Tauberbischofsheim 41

Bei Tauberbischofsheim (14 400 Einw.) denken Sportinteressierte zuerst einmal ans Fechten. Mitglieder des hiesigen Fechtclubs erzielten in den letzten Jahrzehnten Hunderte von Medaillen – von Deutschen Meistertiteln bis zu

Grünkern – aus Not zur Tugend

»Bauland – Heimat des Grünkerns« werben heute die Touristiker mit dem einstigen Arme-Leute-Schmaus. Eigentlich geht es um die alte Getreidesorte Dinkel, die schon Hildegard von Bingen als »Frohsinn bringend« beschreibt. Da dem Dinkel mit Düngern keine Ertragssteigerung abzutrotzen ist, geriet er in Vergessenheit und wurde erst von der Vollwertküche wieder entdeckt. Grünkern aber ist aus echter Not geboren: Im rauen Klima und den verregneten Sommern des 19. Jhs. konnte der Dinkel nicht ausreifen und musste grün geerntet werden. Über Buchenholzfeuern wurden die grünen Körner gedörrt und so genießbar gemacht. Heute werden Gerichte wie Grünkernküchle oder Grünkernsuppe mit dem kräftigen, leicht rauchigen Geschmack als regionale Spezialität angeboten.

Im Odenwälder Freilandmuseum

St. Martin: neogotischer Hauptaltar von Thomas Buscher (1860–1937)

Europameisterschaften und Olympischen Spielen. Den Ruf von Tauberbischofsheim trug nicht zuletzt der inzwischen verstorbene Fecht-Bundestrainer Emil Beck in die Welt.

Der Name der Stadt geht auf das um 735 von Bischof Bonifatius gegründete Frauenkloster zurück. 560 Jahre lang gehörte die Stadt zu Kurmainz und wurde dann von Napoleon 1806 dem Großherzogtum Baden zugeschlagen. Rund um den **Marktplatz** gruppieren sich einige der bedeutendsten Gebäude der Stadt, allen voran das dominierende neogotische Rathaus von 1865 mit fünf Torbögen und zentralem Turm. Eindrucksvolle Fachwerkfassaden schmücken viele andere Gebäude am Platz, so die heutige Post, die 1670 erbaute Stern-Apotheke oder das Rinkerhaus von 1678. Barock ausgestaltet wurde 1735 die **St. Lioba-Kirche** des ehemaligen Franziskanerklosters gegenüber dem Rathaus; daneben das 1744 erbaute Mackert-Haus, ein Barockpalais.

Neogotisch wie das Rathaus ist auch die 1910 erbaute **Stadtkirche St. Martin,** der Hauptaltar ist ein Werk des Münchner Akademieprofessors Thomas Buscher. Die 1474–1476 errichtete, doppelstöckige **Sebastianuskapelle** am Kirchplatz, wo unter schattigen Bäumen der Lioba-Brunnen plätschert, diente ursprünglich als Beinhaus. Im Tympanon über dem seitlichen Eingang findet sich eine Darstellung des Jüngsten Gerichts.

Am westlichen Rand der Altstadt liegt der Schlosshof mit dem Zwinger von 1595 und dem **Kurmainzischen Schloss.** Weithin sichtbar ragt der runde Türmersturm als Wahrzeichen der Stadt empor. In diesem Gebäudeensemble befindet sich heute das **Tauberfränkische Landschaftsmuseum,** das ein Modell der Stadt im 18. Jh., sakrale Kunst, Möbel von Renaissance über Barock bis Biedermeier, Trachten, Haus- und Handwerksgeräte, prähistorische Funde sowie die Kopie eines Grünewald-Altars von 1524 zeigt (von Palmsonntag bis 31. Okt. Di–Sa 14.30–16.30, So/Fei 19 bis 12, 14–16.20 Uhr).

Von Ostern bis Oktober beginnt jeden Montag um 15 Uhr am Rathaus eine Stadtführung.

Tourist-Information, Marktplatz 8, 97941 Tauberbischofsheim, Tel. 0 93 41/8 03 13, www.tauberbischofsheim.de

Hotel Badischer Hof, Am Sonnenplatz, Tel. 98 80, www.hotelbadischerhof.de.
1733 als Poststation erbaut, seit acht

4 Karte Seite 97

Generationen in Familienbesitz. Äußerlich behutsam renoviert, innen modern ausgebaut. ❍❍

Restaurant Arena, Hauptstr. 58, Tel. 38 81, www.restaurant-arena.de. Steakvariationen vom Lavagrill, Fischspezialitäten und Flammkuchen aus dem Steinbackofen in mediterranem Flair oder im idyllischen Biergarten genießen. ❍–❍❍

▮ **Distelhäuser Brauhaus,** Grünsfelder Str. 3, Stadtteil Distelhausen, Tel. 8 58 20, www.distelhaeuser.de. Regionale Spezialitäten aus der Brauhausküche, frisches Bier an der Quelle. Di geschl. (tgl. Brauerei-Erlebnisbesichtigungen, 3 Std., Tel. 8 05 88). ❍–❍❍

4 Karte Seite 97

**Kloster Bronnbach 42

Kloster Bronnbach

Der Legende nach stiegen plötzlich drei weiße Lerchen singend aus dem Wald empor, als fränkische Adlige nach einen geeigneten Standort für ein Kloster suchten. Das musste ein göttlicher Fingerzeig sein. So wurde dort 1151 mit dem Bau des Zisterzienserklosters begonnen, eine der bedeutendsten Anlagen ihrer Art in Süddeutschland. Bei der Neuordnung Europas wurde das Kloster im Jahr 1803 säkularisiert.

Die behäbig wirkenden, teilweise aus dem Mittelalter stammenden Gebäude gruppieren sich um den spätromanischen Kreuzgang aus dem 13. Jh. Die dreischiffige Säulenbasilika aus dem 12. bis 14. Jh. erhielt im 17. und 18. Jh. eine prunkvolle Barockausstattung, bei der vor allem der Hochaltar, mehrere Nebenaltäre, ein schmiedeeisernes Chorgitter und das holzgeschnitzte Chorgestühl hervorstechen.

Der barocke Josephsaal, in dem die Äbte wichtige Gäste empfingen, wurde von 1724 bis 1726 unter Abt Joseph Hartmann neu erbaut und üppig ausgemalt. Nach mehrjähriger gründlicher Renovierung können die Klosterkirche und die wichtigsten Räume während einstündiger Führungen besichtigt werden (1. April–31. Okt. tgl. 10–17 Uhr letzte Führung 16 Uhr). Für Gruppen und zu speziellen Terminen werden auch Kinder- und Gartenführungen angeboten.

Der 1670–1688 angelegte Abtsgarten vor dem Kloster entzückt durch zahlreiche originelle Skulpturen und einen Schalenbrunnen. Links von der Klosterkirche befindet sich in einem nicht zugänglichen Garten die einstige Orangerie, deren farbenfrohe allegorischen Fresken auch von außen gut zu sehen sind.

Im Rahmen der **Bronnbacher Kultouren** finden ganzjährig Konzerte, Lesungen, Kunstausstellungen, Theater und Kreativ-Workshops statt.

In einem kleinen **Biergarten** rechts hinter den Klostergebäuden werden tagsüber Getränke und kleine Snacks angeboten.

Kloster Bronnbach, Verwaltung, 97877 Wertheim, Tel. 0 93 42/9 35 20, www.kloster-bronnbach.de

Auf einem Bergsporn über der Stadt thront die Ruine der mächtigen Burg Wertheim

4 Karte Seite 97

Gasthaus Klosterhof, Tel. 73 16, www.gasthaus-klosterhof.de. Kleines Gasthaus (9 Zimmer) in historischem Gebäude direkt beim Kloster, großer Biergarten. ○○

**Wertheim (43)

Im Dreieck zwischen der Taubermündung und dem Main zwängt sich die historische Altstadt von Wertheim (24 600 Einw.) unter die noch immer mächtig wirkende Ruine der **Burg.** Sie wurde ab dem 12. Jh. von den Grafen von Wertheim erbaut. Ihre zahlreichen Wohngebäude waren durch einen tiefen Schluchtgraben und umfangreiche Wehranlagen und Bollwerke gesichert. Vom wuchtigen, 25 m hohen Bergfried hat man einen herrlichen Rundblick über das Maintal.

Auf der anderen Stadtseite zur Taubermündung hin bildet der um 1200 als Wachturm erbaute, 36 m hohe **Spitze Turm** den Eckpunkt der teilweise noch immer erhaltenen Stadtbefestigung mit ihren einstmals 18 Türmen und Toren. Als Belohnung für den Aufstieg lockt auch hier ein eindrucksvoller Blick auf die Altstadt.

Bei der Tourist-Information am Spitzen Turm beginnen Sa um 17 Uhr, So/Fei um 10.30 Uhr einstündige **Stadtführungen** (April–Okt.).

Vom mittelalterlichen Maintor führt der Weg in ein Gewirr enger Gassen mit vielen malerischen Winkeln.

Die zentrale Maingasse erweitert sich in der Mitte zum lang gestreckten **Marktplatz** mit gut erhaltenen Fachwerkhäusern, darunter das wohl schmalste Haus Frankens: Unten kaum 3 m breit, erweitert es sich nach oben und leistet sich sogar noch einen Erker. Am Engelsbrunnen von 1574 am anderen Ende des Platzes tragen zwei Himmelsboten das Wappen der Grafschaft, außerdem schmücken die weltlichen Gestalten von Schultheiß, Ratsherr, Stadtbaumeister und Künstler den Ziehbrunnen. Die **Stiftskirche** entstand 1383 als gotische, dreischiffige Pfeilerbasilika auf romanischen

Fundamenten. Unterschiedliche Zifferblätter der Turmuhr hatten verschiedene Funktionen: Für die Burgbewohner reichte der Stundenzeiger, während zur Stadt hin Stunden- und Minutenzeiger den Bürgern genau sagen sollten, was die Uhr geschlagen hat. Das vergoldete Zifferblatt trägt die Jahreszahl 1544. Gegenüber der Stiftskirche die gotische **Kilianskapelle.** Neben der Kapelle beginnt der Treppenaufgang zur Burg.

Im Alten Rathaus aus dem 16. Jh. mit maßwerkgeschmückter Freitreppe, dem heutigen **Grafschaftsmuseum,** befinden sich volkskundliche Abteilungen und die größte Sammlung von Bildern des Landschaftsmalers Otto Modersohn und seiner Freunde außerhalb von Worpswede (Di–Fr 10–12, 14.30–16.30, Sa 14.30–16.30, So 14 bis 17 Uhr). Das zum Museum gehörende gegenüberliegende **Haus der Vier Gekrönten** wurde im 16. Jh. als Renaissance-Zierfachwerkhaus erbaut. Es hat seinen Namen von den Kragsteinen am Obergeschoss. Sie zeigen vier gekrönte Männer mit Schrifttafeln – eine nördlich der Alpen seltene Darstellung der mittelalterlichen Schutzheiligen der Steinmetze.

4 Karte Seite 97

Zum bedeutendsten Wirtschaftszweig von Wertheim hat sich die Glasindustrie entwickelt. Die Produktpalette umfasst Glasfaser, Messgeräte bis hin zu High-Tech-Laborgeräten für Wissenschaft und Technik. Davon berichtet das **Glasmuseum,** das Exponate vom Luxusglas der Antike bis zum Christbaumschmuck und Industrieglas zeigt. Es bietet mit Ausstellungen, dem Glasperlenkabinett sowie Kursen in der Museumswerkstatt lebendige Einblicke in diese zerbrechliche Kunst (Mühlenstr. 24, April–Okt. Di–Do 10–12, 14–17, Fr/Sa 13–19 Uhr, So/Fei 13–17 Uhr; Tel. 0 93 42/68 66, www.glasmuseum-wertheim.de).

Tourist-Information, Am Spitzen Turm, 97877 Wertheim, Tel. 0 93 42/10 66, www.tourist-wertheim.de

Hotel Schwan, Mainplatz 8, Tel. 9 23 30, www.hotel-schwan-wertheim.de. Auf der ehemaligen Stadtmauer direkt an der Main-Promenade, komfortable Zimmer und exklusive Junior-Suiten(○○–○○○). Restaurant mit großer Terrasse an der Promenade. ○○–○○○

Bach'sche Brauerei, Marktplatz 11, Tel. 91 31 38, www.bachsche-brauerei.de. Gemütliches Lokal mit Weinkeller und Biergarten auf dem Marktplatz. Vesper und deftige Schweinebraten, Lamm und Wild. ○–○○

Die Burg, Schlossgasse 11, Tel. 91 32 38, im historischen Ambiente der Burgruine mit Blick auf Altstadt, Main, Tauber, Spessart und Odenwald. Regionale Küche in Schlossschänke, Rittersaal, Turmstübchen, Biergarten und auf der Terrasse. ○–○○

Goldener Adler, Mühlenstr. 8, Tel. 13 37. Im ältesten Gasthaus der Stadt kommen fränkische Spezialitäten aus regionalen Produkten und selbst gemachte Wurst auf den Tisch. Großer schattiger Biergarten. ○

Taubertal WeinGalerie, St. Georg-Str. 1–3, Wertheim-Reicholzheim, Tel. 2 90 00. Weine von Rothenburg bis Wertheim; tauberfränkischer Bocksbeutel-Keller.

Vor den Toren Wertheims bietet das große Outletcenter **Wertheim Village** für Schnäppchenjäger Edles und Angesagtes, von Armani über Mandarina Duck und Rosenthal bis Tommy Hilfiger und Whoopi (www.wertheimvillage.com).

Infos von A–Z

Behinderte

Über Reisemöglichkeiten für Menschen mit Handicaps informieren die Tourist-Informationen der Städte und Regionen (s. u.).

Informationen

Wegen der politischen Dreiteilung des Odenwaldes existieren drei regionale Tourist-Informationen, die allerdings auch Material über die anderen Gebiete vorrätig haben.

- **Touristik-Service Odenwald-Bergstraße e. V.,** Marktplatz 1, 64711 Erbach, Tel. 0 60 62/94 33 30, www.odenwald.de. Zuständig vor allem für den hessischen Teil des Odenwaldes und die Bergstraße.
- **Tourismusgemeinschaft Fränkischer Odenwald,** Brückenstr. 2, 63897 Miltenberg, Tel. 0 93 71/50 15 05, www.miltenberg.de. Die im Landratsamt Miltenberg ansässige TG informiert über den bayerischen Odenwald und Teile des Spessarts.
- **Touristikgemeinschaft Odenwald e. V.,** Scheffelstr. 1, 74821 Mosbach, Tel. 0 62 61/84 13 83, www.tg-odenwald.de. Von hier wird der baden-württembergische Teil des Odenwaldes touristisch betreut.
- **Touristikgemeinschaft Liebliches Taubertal,** Gartenstr. 1, 97941 Tauberbischofsheim, Tel. 0 93 41/8 22 94. www.liebliches-taubertal.de. Hier werden die Angebote im Landkreis Tauberbischofsheim publik gemacht.
- **Geo-Naturpark Bergstraße-Odenwald e. V.,** Nibelungenstr. 41, 64653 Lorsch, www.geo-naturpark.de. Die Geschäftsstelle informiert über die Ziele des UNESCO-Geoparks und betreut Aktivitäten dort.
- **Odenwaldklub e. V.,** Odenwaldclub, Staatspark Fürstenlager, 64625 Bensheim, Tel. 0 62 51/85 58 56, www.odenwaldklub.de. Der Odenwaldklub ist mit 116 Ortsgruppen einer der großen Gebietswandervereine im Südwesten Deutschlands. Viele Mitglieder sind im Natur- und Landschaftsschutz engagiert und haben sich die Pflege von regionalem Brauchtum und Heimatgeschichte zur Aufgabe gemacht.

Souvenirs

Als Souvenir aus dem Odenwald eignen sich vor allem die Produkte der heimischen Landwirtschaft, beispielsweise Edelbrände aus Obst sowie Wein von der Bergstraße, aus den bayerischen und fränkischen Landschaften im Osten sowie von der Odenwälder Weininsel Groß-Umstadt. Hochwertiges Kunstgewerbe, vor allem Schnitzereien, kann man in der Elfenbeinstadt Erbach erwerben – allerdings nicht mehr aus Elfenbein. In Heidelberg sollte man nicht versäumen, sich vom Studentenkuss – einer zuckersüßen Spezialität – verführen zu lassen (s. S. 38).

Veranstaltungen

Ein Faltblatt »Veranstaltungstipps« ist jeweils im April bei den drei Touristik-Informationen in Erbach, Miltenberg und Mosbach kostenlos erhältlich (s. oben). Auch im Internet (s. Umschlagklappe hinten) werden viele Feste und Veranstaltungen angekündigt.

Der **Kultursommer Südhessen** (KUSS), ein Zusammenschluss von fünf südhessischen Landkreisen, fördert kulturelle Veranstaltungen in der Region zwischen Juni und September und gibt dazu jährlich einen Eventkalender heraus. Besondere Reihen wie »Konzerte auf Burgen und Schlössern«, »Südhessisches Straßentheaterspektakel« oder »Tage der offenen Ateliers« setzen dabei Akzente.

Ortsregister

Personenregister

Urlaubskasse

Tasse Kaffee	1,70 €
Softdrink (0,2 l)	1,50 €
Glas Bier (0,3 l)	1,80 €
Bratwürste mit Bauernbrot	5,50 €
Kugel Eis	0,80 €
Taxifahrt (Kurzstrecke, 10 km)	ca. 17 €
Mietwagen/Tag	65–120 €
1 l Superbenzin	1,25 €

Polyglott im Internet: www.polyglott.de,
im travelchannel unter www.travelchannel.de

Alle Informationen stammen aus zuverlässigen Quellen und wurden sorgfältig geprüft. Für ihre Vollständigkeit und Richtigkeit können wir jedoch keine Haftung übernehmen.
Ergänzende Anregungen bitten wir zu richten an:
Polyglott Verlag, Redaktion, Postfach 40 11 20, 80711 München.
E-Mail: redaktion@polyglott.de

Impressum

Herausgeber: Polyglott-Redaktion
Autoren: Monika Zeller und Gerd Dörr
Lektorat: Dr. Jutta Schütz
Layout: Ute Weber, Geretsried
Titelkonzept-Design: Studio Schübel Werbeagentur GmbH, München
Satz Special: Carmen Marchwinski, München
Karten: Kartografie Winter (Stadtpläne), Theiss Heidolph
Satz: Schulz Bild + Text, Dagebüll

Erste Auflage 2007/2008

Printed in Germany
Dieses Buch wurde auf chlorfrei gebleichtem Papier gedruckt.
ISBN 978-3-493-56605-5

Infos zu Städten und Touren

*****Heidelberg**
Dauer: 1–2 Tage
Highlights: Zu beiden Seiten der Hauptstraße: Kurpfälzisches Museum im Barockpalais, Universitätsplatz, historischer *Studentenkarzer, Studentenkneipen in der Unteren Straße, *Alte Brücke mit Brückentor, *Marktplatz mit barockem Rathaus, **Heidelberger Schloss; Blick vom Philosophenweg auf Heidelberg; Ausflug ins Barockstädtchen **Schwetzingen.

****Darmstadt**
Dauer: 1 Tag
Highlights: Luisenplatz mit Langem Ludwig; klassizistische St. Ludwigskirche; Marktplatz mit altem Rathaus im Renaissance-Stil, Residenzschloss; hochkarätige Sammlungen im **Hessischen Landesmuseum; Jugendstil-Ensemble auf der **Mathildenhöhe mit **Hochzeitsturm, **Russischer Kapelle und **Museum Künstlerkolonie Darmstadt. Hundertwassers *Waldspirale.

Tour 1
Heidelberg → Schriesheim → Ladenburg → *Weinheim → *Heppenheim → *Lorsch → Bensheim → Schloss Auerbach → Zwingenberg → Burg Frankenstein → Darmstadt
Länge: 85 km
Dauer: 1–2 Tage
Highlights: Ruine Strahlenburg und Besucherbergwerk Anna-Elisabeth in Schriesheim; Mittelalterliches Ladenburg; Stadtspaziergang in der Zweiburgenstadt *Weinheim; Imposante Fachwerkstadt *Heppenheim mit Laternenweg; Kloster und Weltkulturerbe ***Königshalle in *Lorsch; Fürstenlager von Bensheim; Schloss Auerbach auf dem Melibokus; Weinfeste in Zwingenberg; Gespenstische Burg Frankenstein.